ワードマップ

学習マッピング

動物の行動から人間の社会文化まで

青山征彦・古野公紀・サトウタツヤ 編

新曜社

はじめに

学習は、心理学はもちろん、教育学や教育工学などの分野において主要な概念であり、中心的な研究テーマである。例えば、ヒトおよび動物の行動や条件づけも、コミュニティに参加しながらサブカルチャーに精通していくのも、どちらも学習研究のテーマでありうる。このように学習という概念は、さまざまな文脈で用いられていて、そのために同じ学習という用語が同じ内容を示しているとは限らない、という事態が生じる。

では、ありとあらゆる学習研究をフォローすればよいではないか、と思われるかもしれないが、心理学に限っても100年以上は研究が続いているテーマだけに、学習の研究は分厚い層をなしている。とても他の分野に軽々しく入り込めないのが現実であろう。他の分野での意味あいを心得ていないと、専門家であっても対話することは難しい。実際、本書の3人の編者も、かろうじて学習研究の全体を見通せるのは、心理学史を専門とするサトウだけで、古野がヒトや動物の行動を中心とする条件づけの研究を中心に担当し、青山がそれ以外の学習研究について、主に社会文化的アプローチの立場からまとめるという分業になっている。つまり、編者たちもまた、学習研究の全体を最初から見渡すことはできなかったということである。

そうした意味で、学習研究を二次元にマッピングするという本書の試みは、大胆かつ野心的なものである。学習研究の概要を学びたいという初学者にとっても有用であるのは間違いないが、むしろ自分以外の専門についてはよく知らない第一線の研究者にこそ有用なものになると確信する。

本書は、『ワードマップ 質的研究法マッピング』『ワードマップ 心理検査マッピング』に続くマッピングシリーズの3作目として刊行されるが、二次元の平面にさまざまな要素を整理する、というマッピングの手法は、学習研究においてもその真価をいかんなく発揮しているように思われる。深みのある解説をお寄せいただいた執筆者のみなさまに心から感謝したい。多種多様な学習研究にマッピングという形で見取り図を与えるという本書のもくろみがどこまで達成できたのか、ご一読の上、吟味していただければ幸いである。

編者　青山征彦・古野公紀

装幀＝加藤光太郎

序章　「学習」を理解する枠組みの提案

本書の構想

■「学習」という概念の多様性

本書は、心理学を中心に、さまざまな研究で扱われている**学習**（learning）という概念を、二次元の空間にマッピングしようという野心的な試みである。学習は、発達と並ぶ心理学の二大概念であり、過去においても現在においても、学習は心理学の中心的なテーマであるといってよい。だが、学習という概念が具体的にどのような内容を指しているのかは、研究によってかなり異なっているように思われる。

学習ということばの意味を、『日本国語大辞典』は以下のように解説している。「①学びならうこと。学校などで勉強すること、②教育学で、精神、身体の後天的発達をいい、狭くは、過去の経験をもとに新しい知識や技術を習得することをいう、③心理学で、経験によって、過去の心理的、行動的な経験をこえて新たな行動の仕方を習得すること」[1]。ここで心理学における語義とされている③は、エビングハウス（Hermann Ebbinghaus）による記憶研究[2]や、古典的条件づけの研究[3]に近いように思われるが、心理学の中にも、②のような意味で学習ということばを用いている研究は少

[1] 日本国語大辞典第二版編集委員会 2000『日本国語大辞典第二版』小学館

[2] 本書2－1「記憶と学習」参照

[3] 本書3－1「古典的条件づけ」参照

なくないだろう。さらに英語の「learn」の語源をたどると、「道をたどる」あるいは「道を探す」といった意味をもつ語までさかのぼる。[4] 前者は過去の経験を踏まえて学ぶ様子が、後者は新たな可能性を求めて学ぶ様子がイメージされる。このように、学習ということばは、さまざまな意味をもっている。

心理学の研究においても同様である。いや、心理学の研究における定義は、もっと複雑かつ混乱した状況にあると言うべきだろう。それぞれの研究が、それぞれの関心に従って学習という概念を定義しているために、学習という概念が何を指しているのかは、必ずしも共通ではない。逆に言えば、同じ学習ということばを用いていることによって、それぞれの研究が指す学習という概念の違いがわかりにくくなっているとも言えるだろう。

そのため本書では、さまざまな学習研究を採りあげて、それらが学習という概念をどのようなものとして捉えているかを二次元上にマッピングすることにより、研究によって異なった意味で用いられている学習という概念が相互にどのような関係にあるのかを、わかりやすく整理することを目指した。以下では、本書が提案するマッピングについて、その概要を説明する。

■学習研究を整理する2つの次元

マッピングを構成する軸として、**個人**と**コミュニティ**という軸と、**潜在**と**顕在**とい

[4] 西ゲルマン語（West Germanic）における liznêjan や liznôjan など。Oxford University Press 2023 learn, v. *Oxford English Dictionary*. https://doi.org/10.1093/OED/4318861022

う2つの軸を設定した（図1）。個人とコミュニティという軸は、学習が個人の中に生じるものであると見るか、コミュニティの中で生じるものと見るかという見方の違いを指している。一方、潜在と顕在という軸は、学習の結果が知識のように目に見えないもの（つまり潜在的）なのか、あるいは行動のように見える形で現れるもの（つまり顕在的）なのかを示している。

これらの2つの軸から、4つの象限が作られる。それぞれの象限を時計回りに見ていこう。

まず右上に、学習が生じるのは個人（個体）の中であり、その現れ方が潜在であるという象限がある（2章に対応）。ここには、個人（個体）の中の、目に見えない知識に注目する学習研究が含まれる。例えば、エビングハウスによる記憶研究や、言語学習、概念学習などである。この象限に含まれる学習研究では、個人（個体）の中に知識が蓄積されたり、学習によって知識が変容したりする過程が学習と呼ばれている。そのため、「**知識の変容 knowing**」[5]というラベルをつけた。

右下には、学習が生じるのが個人（個体）であり、その現れ方が行動のように顕在的なものであるという象限がある（3章に対応）。この象限には、経験に伴う行動の変容を学習とみなす学習研究が含まれる。例えば、古典的条件づけや初期学習に関する研究がこの象限によくあてはまるだろう。そこで「**行動の変容 doing**」[6]というラベルをつけている。

[5] 自己の知識を獲得（あるいは修正）していく、すなわち物事を知っていくという学習であることからknowingと併記した。

[6] いま、ここでの自己のありかたや振る舞いを形成・変容していくという学習であることからdoingと併記した。

図1　学習マッピング

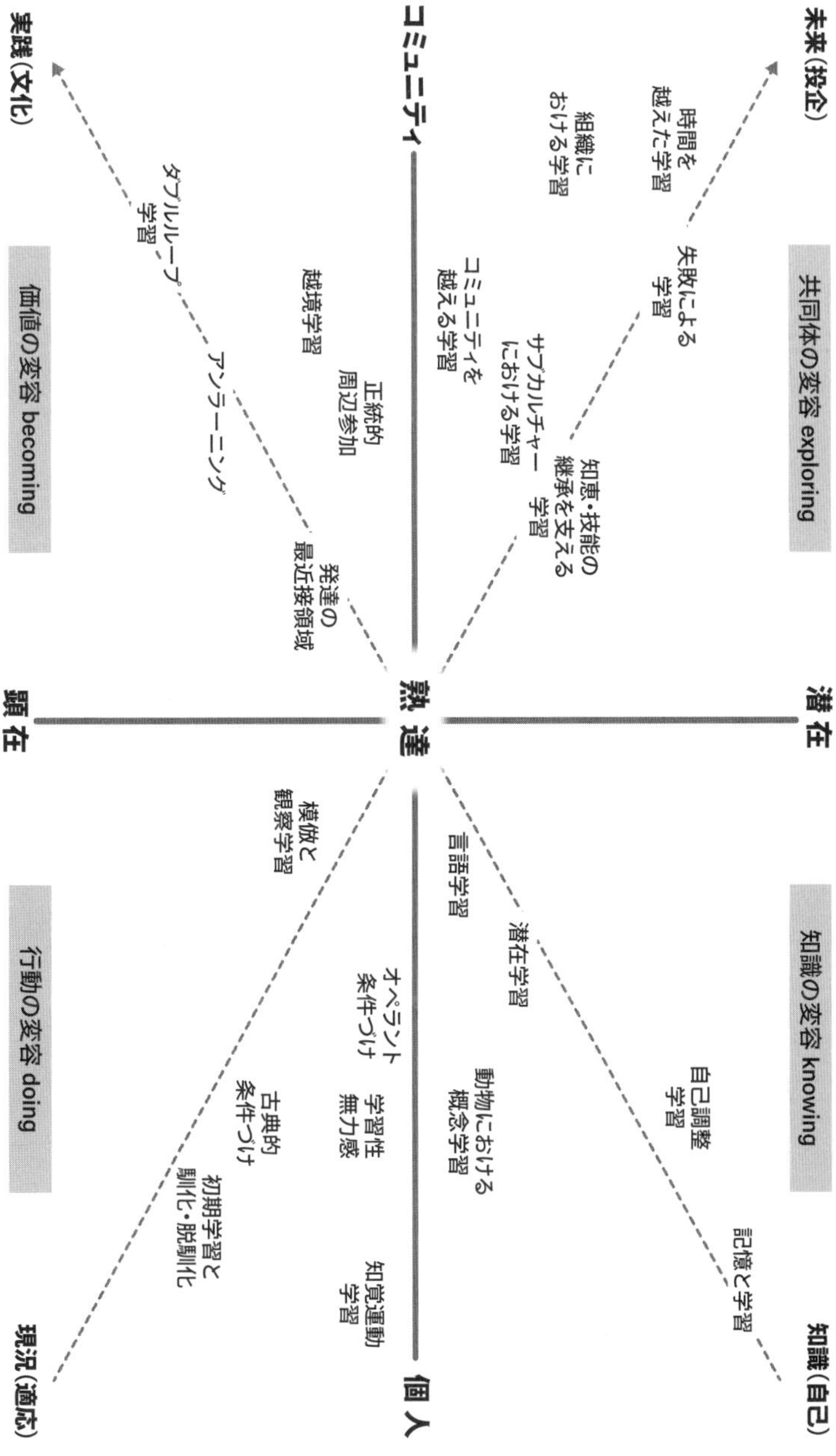
未来(投企)
時間を越えた学習
組織における学習
失敗による学習
共同体の変容 exploring
コミュニティを越える学習
サブカルチャーにおける学習
知恵・技能の継承を支える学習
越境学習
正統的周辺参加
発達の最近接領域
ダブルループ学習
アンラーニング
価値の変容 becoming
実践(文化)
コミュニティ
潜在
熟達
顕在
知識(自己)
記憶と学習
自己調整学習
知識の変容 knowing
潜在学習
言語学習
動物における概念学習
知覚運動学習
模倣と観察学習
オペラント条件づけ
学習性無力感
古典的条件づけ
初期学習と馴化・脱馴化
行動の変容 doing
現況(適応)
個人

左下には、学習はコミュニティの中で生じるものであり、行動のような顕在的な形で現れると考える象限がある（4章に対応）。例えば、ヴィゴツキー（Lev S. Vygotsky）に端を発する発達の最近接領域という概念は、知識のような潜在的な変容も含みつつも、他者との関わりのような具体的な行動としても観察されるという点で、この象限に含まれる。この象限に含まれる学習研究では、コミュニティにおける実践に参加することや、そこでの価値づけと学習とは切り離せない。そこで、「**価値の変容 becoming**」[7]というラベルをつけてみた。

最後に、左上には、コミュニティの中での学習が、目に見えない潜在的な知識として蓄積されるという象限がある（5章に対応）。ここには、コミュニティの中での知識の変容を扱う学習研究が含まれる。例えば、三陸地方で古くから言い伝えられてきた「津波てんでんこ」は、津波が来たらてんでばらばらでよいから逃げなさい、という知識だが、東日本大震災をきっかけに、広く知られることとなった。こうした知識は、単に知識として共有されるだけでなく、コミュニティの防災意識を変容させることになる。知識の変容は現在の、そして未来の、コミュニティの変容につながるのである。「**共同体の変容 exploring**」[8]というラベルをつけたのは、そのような意図による。

これら四象限の中心には、熟達という概念を置いた。熟達は個人の学習であると同時に、何に熟達すべきか、というコミュニティにおける価値に依存している。知識の

[7] いまある自分たちのあり方を乗り越え、なりたい姿へと向かっていく学習であることから becoming と併記した。

[8] いまなされていることの積み重ねの先に、まだ見ぬ未来のコミュニティをつくり出す学習であることから exploring と併記した。

ような潜在的な結果も、行動のような顕在的な結果も含み込む。その意味で、さまざまな学習研究の中心となるのは、熟達という概念であると考えた次第である。これは本書におけるマッピングの大きな特徴と言えよう。

さらに、四象限に2本の対角線を引いてみよう。1本は、右上から左下へと伸びていて、学習の対象が「**知識**（**自己**）」から「**実践**（**文化**）」へと変化していく軸と見ることができる。もう1本は、右下から左上へと伸びるもので、こちらは学習が生じる時間が「**現況**（**適応**）」から「**未来**（**投企**）[9]」へと変化していく軸と見ることができるだろう。

さて、ここまで見てきたように、このマッピングによって、かなり多くの学習研究を概説することができる。しかし、マッピングは平面であるために、学習研究の歴史を、時間を捨象して捉えているという欠点もある。そのため、1章では学習研究の歴史について概説して、マッピングでは表現しにくい時間の流れを示すことにする。

また、学習はさまざまな文脈においてなされるものであることも、マッピングでは表現しづらい。そのため6章では、学習の現場としてさまざまな実践の中で学習がどのように論じられてきたかを概説する。

■本書の意図――「学習」概念を整理する

このような構成によって、本書では心理学を中心なされてきたさまざまな学習研究

[9] 投企とは、ハイデッガー（Martin Heidegger）やサルトル（Jean-Paul C. A. Sartre）の用いた概念で、自らを新たな可能性に向けて投じていくことを指す。

における学習の概念を、マッピングを軸としながら位置づけることを試みた。社会学者のスター（Susan L. Star）は、「異なるコミュニティの境界にあって、形を変えないまま共用されることにより、コミュニティ間の協働を支える人工物のこと」[10]を境界オブジェクトと呼んだが、学習ということばは、まさに境界オブジェクトと言えるだろう。学習という概念はそれぞれのコミュニティで異なる意味をもっているのだが、学習ということばを共用することによって、そうしたコミュニティによって異なる意味がゆるやかにつながりあってきたということなのだろう。本書の試みは、そうしたゆるやかなつながりを、具体的なイメージとして描出する点にある。

本書では、学習研究をさまざまな視点から描き出すことにより、それぞれの研究における学習という概念のもつ意味を、時間的、空間的に把握しようと試みた。学習に関心をもつ研究者のみならず、学習について関心をもっている初学者にもわかるような記述になるよう努めたが、どれくらいその目標を果たすことができたかは読者の判断に委ねたい。本書が、さまざまな学習研究を縦断的かつ横断的に論じるきっかけとなれば幸いである。

〔青山征彦・古野公紀〕

〔10〕青山征彦 2018「境界オブジェクト」『質的心理学辞典』(p.56) 新曜社

1章　学習研究の歴史

1-1

行動主義の流れ

現代心理学にも引き継がれる科学哲学

■さまざまな行動主義

心理学では、「学習」ということばは「経験によって生じる比較的永続的な行動の変容」という意味でしばしば用いられる。1930年代から1970年代にかけて隆盛を誇った行動主義は、その名の通り行動を研究の中心とする科学哲学である。行動主義が現在に至るまでどのような変遷をたどってきたかを理解することは、学習研究の歴史の一端を把握する上で重要であると言えよう。しかしながら、行動主義者たちの間でもその主張に相違があるにもかかわらず、「**行動主義**（behaviorism）」という単一の学派として十把一絡げに扱われるなど、それぞれの行動主義が正しく理解されていないことが多い[1]。本稿では、行動主義の歴史的な流れを追いつつ、種々の行動主義を概観する。

[1] この問題については次が詳しい。佐藤方哉 1996「認知科学と行動分析学との対話は可能か」『哲学』100, 275–299.

■行動主義に至るまで

人間の意識を内観という手法により研究を行ってきた最初期の心理学から行動

主義に至るまでにはさまざまな要素が関連している。例えば、モーガン（Lloyd C. Morgan）やローブ（Jacqes Loeb）などによって行われた動物実験[2]は、客観性という点において行動主義に強い影響を残した。また、パブロフ（Ivan P. Pavlov）による条件反射研究やソーンダイク（Edward L. Thorndike）による試行錯誤学習に関する研究は、「刺激と反応との連合」という観点から学習原理の基礎を見いだしたという点において特に重要である。

19世紀末における心理学の主流の一つは構成主義[3]であったが、デューイ（John Dewey）やエンジェル（James R. Angell）などによって、機能主義が徐々に勢力を増していくことになった。機能主義は、狭義には意識の機能のみを心理学の研究対象とする考え方であり、広義には意識のみならず生活体の行動まで対象を広げ、生活体と環境との相互作用を研究対象とする考え方である。行動主義は、後者のより広い意味での機能主義を引き継いでいる。

■ワトソンの行動主義宣言

ワトソン（John B. Watson）はシカゴ大学において、エンジェルのもとで心理学を、デューイのもとで哲学を、ローブのもとで生物学および生理学を学び、1903年に博士号を取得した。その後、1912年にコロンビア大学で行われた講演において、有名な「行動主義宣言」[4]を行うこととなる。その主な内容は以下の通りである。

[2] 本書1－3「動物研究の流れ」参照

[3] 心理学の目的は意識過程を要素に還元し、それらがどのように結合するのかを特定することという考え方。

[4] 「行動主義宣言」の内容は次の論文にまとめられている。Watson, J. B. 1913 Psychology as the behaviorist views it. *Psychological Review, 20*(2), 158–177.

(a)心理学は行動の科学であり、意識の科学ではない。
(b)心理学の目的は行動の予測と制御である。
(c)行動の単位は刺激に対する反応であり、反応は腺の分泌と筋肉の運動からなっている。
(d)心理学は内観法を排除し、客観的手法のみを用いるべきである。
(e)意識や表象作用など主観的な用語ではなく、刺激と反応や習慣形成といった客観的な用語を使用するべきである。[4]

ワトソンは、人間行動の発達を理解する上で学習の研究を重要視していた。彼は、学習の原理をすべて条件反射で説明できるとし、種々の研究手法の中で、パブロフに由来する条件反射法を主要な手法として用いた。そして刺激（stimulus）と反応（response）とのS－R連合は、頻度と時間的接近性に依存すると考えた。

■新行動主義

ワトソンが一線を退いた1930年代以降、ワトソンの古典的行動主義とは異なる行動主義、すなわち**新行動主義**（neo-behaviorism）が現れた。ここでは代表的な3人の新行動主義者を挙げる。[5] 彼らはそれぞれ独自の考えをもっていたが、ワトソンと比較してより体系立てられた理論を構築しようとした点、行動を末梢的（molecular）な

[4] ワトソンは極端な環境主義者として認識されているが、当初は本能の存在を認めており、その後の『行動主義の心理学』において本能の存在を否定した。また、「1ダースの健康な赤子」はあまりにも有名であり、いたるところで引用されているが、その直後の「私は事実より先走っている。私はそれを認める」という文章は、それに比してあまりにも知られていない。Watson, J. B. 1930 *Behaviorism* (Revised ed.). Norton & Company.（ワトソン／安田一郎（訳）2017『行動主義の心理学』ちとせプレス）

[5] 同時代の行動主義者として、ほかにもガスリー（Edwin R. Guthrie）、スペンス（Kenneth W. Spence）、およびカンター（Jacob R. Kantor）の名が挙げられる。

ものではなく総体的（molar）として捉えた点などが共通している。

トールマンの目的的行動主義

トールマン（Edward C. Tolman）は、すべての行動が何らかの目的によって方向づけられ、その目的が達成されるまで存続する、と考えた。さらに、行動の原因である刺激と最終的にもたらされる行動との間に、観察できない媒介変数（intervening variable）や仮説構成体[6]（hypothetical construct）を導入した。これらは、観察したり直接的に操作したりすることはできないものの、客観的に観察可能な刺激と反応から操作的に定義づけられる。媒介変数は生活体（organism）内部の過程であることから、行動の単位はS－RからS－O－Rに拡張された。

トールマンは、学習をサイン・ゲシュタルト[7]（sign Gestalt）の形成であると考えた。サイン・ゲシュタルトとは、環境の手がかりと生活体の期待との間の関係である。例えば、迷路内のネズミが試行錯誤しながらもゴールにたどり着くと、迷路の各分岐地点と連合している何らかの手がかりとゴールへの期待とのゲシュタルトが強められる。彼は、サイン・ゲシュタルト形成、すなわち学習成立の条件として頻度と時間的近接性を挙げ、報酬や強化の効果は限定的であると考えた[8]。

ハルの演繹的行動主義

ハル（Clark L. Hull）は仮説演繹的な方法論を取り入れ、行動的現象を形式的かつ数量的に記述しようと試みた。彼は、ソーンダイクの試行錯誤学習とパブロフの条件反

[6] 媒介変数と仮説構成体との違いについては次を参照。丹野貴行 2021「徹底的行動主義について」『哲学』142, 9-42.

[7] コフカ（Kurt Koffka）と共同で研究していたこともあり、ゲシュタルト心理学の影響がうかがえる。

[8] 本書2－4「潜在学習」参照

射学習は強化の法則により統一的に説明できると考えていた。さらに、強化を「要求の低減」という点から定義し、何らかの行動によって要求が低減されると、それ以後の機会に、同様の刺激が同様の反応を喚起しやすくなると考えた。そして刺激と反応との連合強度を習慣強度と名づけ、習慣強度は強化回数の関数であることを示した。ハルの理論においては、習慣強度のほか、反応ポテンシャル、制止ポテンシャルなどの媒介変数が取り入れられていたが、これらは厳密に作り上げられた公準系のもとに数量化され、客観的に観察できる刺激と反応との関係の中で定義づけられている。

スキナーの徹底的行動主義

トールマンやハルによる行動主義では、行為者本人にしか観察できない私的事象は排除するが、公的事象から操作的に定義できるものについては、媒介変数や仮説的構成体として取り入れている。ここには、公的事象を物理的次元に、私的事象を心理的次元におく、心身二元論的な考え方の影響がある。スキナー（Burrhus F. Skinner）はこのような考え方を**方法論的行動主義**（methodological behaviorism）と呼び、彼自身の考え方である**徹底的行動主義**（radical behaviorism）と区別した[9]。徹底的行動主義では、直接的に操作できない媒介変数や仮説的構成体は除外される。その一方で、公的事象と私的事象を同じ物理的次元におき、「思考すること」といった私的事象も、行為者当人のみにしか観察できないという点以外は、「歩くこと」や「手を振ること」などの公的事象と同じ物理的次元にあるものとみなす。そしてスキナーは、物理的次

［9］操作主義や論理実証主義に対するスタンスの違いも重要である。Skinner, B. F. 1961 The operational analysis of psychological terms. In B. F. Skinner, *Cumulative record* (pp.272–286). Appleton-Century-Crofts.（スキナー／丹野貴行（訳）2017「心理学的用語の操作的分析」スキナー著作刊行会（監訳）『B・F・スキナー重要論文集Ⅰ：心理主義を超えて』（pp.131–154）勁草書房

元にある行動の原因は、同じく物理的次元である環境であり、これらの間の関数関係（functional relationship）を同定することにより、行動の予測と制御は達成されると考えた。

スキナーは学習をもたらす手続き、すなわち条件づけ手続きの違いに基づき、行動をレスポンデントとオペラントに二分した[10]。レスポンデント条件づけは、すでに行動を誘発している刺激と、未だ行動を誘発しない刺激との対提示を繰り返すことにより後者の刺激が行動を誘発するようになる手続きであり、オペラント条件づけは生活体によって自発された行動の結果事象を操作することにより、その行動の生起頻度を変化させる手続きである。行動とその結果との関係を随伴性（contingency）と呼び、スキナーは強化を随伴性により定義した[10]。

現代の行動主義

「認知革命[11]」を経て行動主義は勢いを失っていったという見方もあるが、行動主義は現代の心理学に対しても大きな影響をもたらしている。現代心理学における多くの研究は、客観的なデータから操作的に定義された何らかの心的概念を推定するという点において、方法論的行動主義の本質を引き継いでいる。他方で、徹底的行動主義からはさらにいくつもの異なる行動主義が派生しており、新たな展開を迎えている[12]。すなわち、行動主義は現代の心理学においても脈々と受け継がれているのである。

〔古野公紀〕

[10] 本書3－2「オペラント条件づけ」参照

[11] 1956年のダートマス会議に端を発するコンピュータのアナロジーや情報処理理論に基づく認知心理学（認知主義）の台頭のこと。行動そのものよりも、その背後にある認知的過程を研究対象として、に焦点が当てられるようになった。ただし、その変化が「革命」といえるほどではなかったという指摘もある。詳しくは、サトウタツヤ・高砂美樹 2022『流れを読む心理学史：世界と日本の心理学（補訂版）』（有斐閣アルマ）を参照。

[12] 例えば認知行動療法で有名なヘイズ（Steven C. Hayes）の機能的文脈主義など。武藤崇 2021「機能的文脈主義の来し方行く末：文脈主義によるアプローチ」『行動分析学研究』35, 144–157. その他の展開については次を参照。Zilio, D., & Carrara, K. (Eds.) 2021 *Contemporary behaviorisms in debate*. Springer.

1-2 行動主義以外の流れ

社会文化的アプローチを中心に

■行動主義とは違う学習研究がある

前節では、行動主義の流れについて概観したが、ここでは、行動主義以外の学習研究の流れを概観する。一口に行動主義以外と言っても、さまざまな流れの研究があるため、以下では、大まかに実験的な研究の流れと、ヴィゴツキー（Lev S. Vygotsky）に端を発する社会文化的アプローチの流れに分けて見ていこう。

■実験室実験による学習研究

心理学のはじまりは、ヴント（Wilhelm M. Wundt）によりライプツィヒ大学に心理学研究室が正式にできた1879年とされるのが一般的だが、それ以前にも哲学を中心に研究がなされていた。[1] 学習を、すでにある観念に新しい観念が連合することと考える連合説は、ヴント以前からあり、ある時期までの心理学が広く共有していた。

エビングハウス（Hermann Ebbinghaus）が『記憶について』を刊行したのは1885年のことである。[2] エビングハウスによる**記憶研究**の特徴の一つが、無意味つ

[1] サトウタツヤ・高砂美樹 2022『流れを読む心理学史：世界と日本の心理学（補訂版）』有斐閣アルマ

[2] 詳しくは本書2-1「記憶と学習」参照

づりを使用した点にある。例えばｋａｊ、ｆｕｖのような意味のある文字列になっていない無意味つづりをわざわざ実験に使った背景には、連合説の考え方が影響している。連合説では、新しい知識が、すでにある知識と連合することで学習は生じると考えていた。そのため、知っている単語のつづりを記憶実験に使うと、学習しやすくなってしまうと考えられていたのである。このようなエビングハウスの研究法は、その後、無意味つづりの単語のペアを学ぶ**対連合学習**という方法へと発展していく。

一方、こうした連合説を批判する流れも生じた。ゲシュタルト心理学派のケーラー（Wolfgang Köhler）が、チンパンジーが洞察することを実験で示したのは１９１０年代のことである。[3] これは、チンパンジーが天井につるされたバナナを取ろうとして、いくつかの木箱を積み上げ、その上に乗ってバナナを取った、という実験である。ポイントは、チンパンジーは、それまでに試みたことのない方法で、しかも試行錯誤することなく、一発でバナナを取ったという点にある。この結果は、試行錯誤によって連合ができることを学習としていた連合説ではとうてい説明ができない。

また、バートレット（Frederic C. Bartlett）は、エビングハウスに続く学習研究が無意味つづりを中心にしていることを批判して、有意味材料による記憶研究を展開した。例えば、当時のロンドンの人々にはなじみのないヒエログリフ（エジプトの古代の絵文字）を、一人が記憶し、記憶をもとに絵を描く。これを何人も繰り返していくときに、絵がどのように変化していくかを検討した。エビングハウスにおいては、記

［3］詳しくは本書２－３「動物における概念学習」を参照

憶とは頭の中に貯蔵されたなにものかであったが、バートレットにおいては、記憶とは対話する現在の中で構築されるものである。[4] こうしたダイナミックな捉え方は、現代の認知心理学にも通ずるものがあるが、当時はあまり理解されなかった。

ほかにも、実験的なアプローチから学習に取り組んだ研究は多くあるが、注目すべきものとしてバンデューラ（Albert Bandura）による**社会的学習理論**がある。バンデューラは、1970年代に、モデルの反応を観察しただけでも学習が生じることを示した。これを**観察学習**[5]、あるいは**モデリング**と呼ぶ。ここで画期的なのは、それまでの学習研究が、人間や動物が自ら経験することで学習すると考えていたのに対して、他者の観察という代理経験によって学ぶことができることを示したことである。代理経験もまた、経験をもとに連合が生じると考えてきた連合説では理解ができない。

このように、行動主義が盛んだった時代であっても、それとは異なる立場の研究は数多くなされていた。1970年代になると行動主義は退潮していくが、そこから突然、新しい流れが出てきたわけではなく、こうした行動主義以外の流れが新しい流れを準備していたと見ることもできるだろう。

[4] 丸野俊一・針塚進・宮崎清孝・坂元章 1994『ベーシック現代心理学1 心理学の世界』有斐閣

[5] 本書3－4「模倣と観察学習」参照

■社会文化的アプローチによる学習研究

さて、こうした実験的な研究では、バンデューラの研究のような例外はあるものの、学習に他者や文化が与える影響があまり考えられてこなかった。他者や文化の影響を重視した流れとして、ヴィゴツキーに端を発する**社会文化的アプローチ**がある。[6] ヴィゴツキーは、子どもがまだ一人ではできないことを、年長の子どもや大人の助けを得てできるという体験が、その後の発達を促すと考えた。誰かに助けられればできることは、いままさに発達しようとしている領域であるので、これを発達の最近接領域と呼ぶ。[7]

ヴィゴツキーの思想は、ソビエト連邦（現在のロシア）において政治的な弾圧を受けたこともあって、なかなか知られることがなかったが、アメリカではブルーナー（Jerome S. Bruner）がヴィゴツキーに影響を受けた研究を展開した。[8] 例えば、子どもが学習するときに、他者や道具が支えとなることをブルーナーらは**スキャフォールディング**（足場かけ）と呼んだが、この見方は、ヴィゴツキーの**発達の最近接領域**と近い。

ヴィゴツキーの主著である『思考と言語』は1961年に英訳されたが、ヴィゴツキーの思想がより深く理解されるようになったのは、1960年代から1970年代にかけてアメリカの研究者がソビエト連邦へ留学し、その知見を北米に持ち帰ったことによる。その一人であるコール（Michael Cole）は、発達心理学者ピアジェ（Jean Piaget）による、子どもは決まった発達段階に沿って発達するという理論に対して、発達段階が学校教育の影響を強く受けていることを示して、ピアジェを批判した。[9]

一方、フィンランドのエンゲストローム（Yrjö Engeström）は、ヴィゴツキーの同僚であったレオンチェフ（Alexei N. Leont'ev）が提唱した**活動理論**をもとに、学習研

[6] 文化歴史的アプローチと呼ぶこともある。

[7] 本書4－1「発達の最近接領域」参照

[8] J・ブルーナー／田中一彦（訳）1993『心を探して：ブルーナー自伝』みすず書房

[9] M・コール、S・スクリブナー／若井邦夫（訳）1982『文化と思考：認知心理学的考察』サイエンス社。なお、ピアジェとヴィゴツキーは同じ年の生まれで、ピアジェの著書のロシア語版の序文をヴィゴツキーが書くというように、お互いに影響を与えあう関係でもあった。

究を展開してきた。例えば、近年、注目されている**越境学習**[10]は、エンゲストロームの越境に関する議論をもとにしている。ほかにも、川原のあちこちで自然に発火する野火のように、互いに全く知らないところで似た活動が生じることを指す**野火的活動**など、人間の学びを捉えるさまざまな概念を提唱している。

こうした社会文化的アプローチは、1990年代には社会学や文化人類学と合流して、状況的認知、**状況論**と呼ばれる学派を形成した。なかでも、文化人類学者のレイヴ（Jean Lave）が提唱した、**正統的周辺参加**（legitimate peripheral participation）と呼ばれる枠組みがよく知られている。[11] これは、人は何らかの文化的な実践に参入するとき、知識を獲得するだけでなく、コミュニティの中での役割の変化、アイデンティティの変化が同時に生じることを指摘するものであり、個人の知識が増えることを学習とみなしてきた心理学に大きな影響を与えた。

[10] 本書4－3「越境学習」参照

[11] J.レイヴ、E.ウェンガー／佐伯胖（訳）1993『状況に埋め込まれた学習：正統的周辺参加』産業図書、本書4－2「正統的周辺参加」も参照

■学習研究から教育の実践へ

ここまで見てきたように、社会文化的アプローチでは、学習は、本質的に他者との協働のプロセスであると考える。そのため、他者と協働する場を作る、という教育実践への志向が強く見られる。

例えば、ブルーナーは、発見学習と呼ばれる手法を提案したことで知られている。[12] これは、研究者が仮説を立て、実験をして、仮説を検証していくというプロセスを、

[12] ブルーナーは、新たな教育の方向を考えるウッズホール会議という会合を1959年に開催したことでも知られている。前掲書[8]参照

子どもたちの学びにも採り入れようとしたもので、今日の**アクティブラーニング**の源流の一つと言える。

また、コールは、**第五次元**[13]と呼ばれる放課後学習のプログラムを開発した。[14] これは、小学生が、大学生や大学院生の助けを得ながら、自分たちだけではできないゲームや活動に挑戦するというもので、小学生にとってはもちろん、活動をサポートする大学生や大学院生にとっても、誰かに支えられることでいまの自分ができることを超えていくことになる。発達の最近接領域を実践として創りだそうとする試みと言える。

コールの共同研究者でもあったホルツマン（Lois Holzman）は、発達の最近接領域の領域＝ゾーンを、具体的な空間として読み替えていて、注目されている。例えば、若者を演劇に取り組ませることは、いまの自分を超えて、新しい自分を創造することにつながると説く。[15] このように考えると、演劇のステージは、いま自分一人ではできないことを、仲間と一緒に成し遂げる体験ができる場＝ゾーンであり、発達の最近接領域そのものである。

このように、学習研究は、その成果として実践を生み出すポテンシャルをもっているし、優れた実践は研究に影響を与えうる。近年、興隆しつつある**学習科学**[16]も、社会文化的アプローチの影響を強く受けつつ、こうした研究と実践が互いに影響しあう形での学習研究を展開している。

〔青山征彦〕

[13] 本書6－2「課外活動における学習」参照

[14] M・コール／天野清（訳）2002『文化心理学：発達・認知・活動への文化－歴史的アプローチ』新曜社

[15] L・ホルツマン／茂呂雄二（訳）2014『遊ぶヴィゴツキー：生成の心理学へ』新曜社、本書6－2も参照

[16] 本書6－1「学校教育における学習」参照

1-3 動物研究の流れ

アリストテレスから比較認知科学まで

■動物研究の歴史

動物行動に関する研究は古くからあった。アリストテレス（Aristotle）は霊魂論を自然学の一部とし、動物や植物にも霊魂を認めた。すなわち人間・動物・植物という区分である。革命的な変革はデカルト（René Descartes）が成し遂げた。感覚を動物霊魂から取り上げて人間霊魂に組み込み、動物は機械とみなした。人間／動物≒機械という区分である。動物心理学はありえない。次の変革はもちろんダーウィン（Charles R. Darwin）の進化論で、人間と動物は連続であると考えられ、人間≒動物／機械という区分になった。その結果、種間比較研究による「心の進化」の解明という研究分野ができた。ロマネス（George Romanes）は動物行動に関する逸話を精査して心の直線的進化を示し、擬人主義による説明をした。モーガン（Lloyd C. Morgan）はいわゆる「モーガンの公準」で安易な擬人主義を批判したが、擬人主義そのものを否定したわけではなく、彼の擬人主義動物心理学は極めて明快である。[1]

やがて動物心理学では逸話法に替わって実験が多く用いられるようになり、特に

[1] モーガンの動物心理学は動物の行動観察とその観察結果の内観心理学による解釈・説明から成り立っている。Morgan, L. C. 2014 *An introduction to comparative psychology*. Literary Licensing, LLC. (originally published in 1894 from Walter Scott, Ltd.)

ソーンダイク（Edward L. Thorndike）は問題箱を用いて学習理論の礎を作った。同時期にパブロフ（Ivan P. Pavlov）が条件反射学を創設したが、彼はこれを大脳生理学と捉えていた。動物心理学は、やがて行動主義へ向かうことになるが、動物の主観的世界が知りたい、というのは自然な発想であり、圧倒的な行動主義の覇権下でも生き続けた。

■ヴント心理学と動物研究

実験心理学の祖ヴント（Wilhelm M. Wundt）の研究対象は自己の意識だったが、動物研究によって意識の進化を明らかにできるとした。彼は動物の意識は直接わからないから、擬人主義によらざると得ないとしながらも、実験心理学の元祖らしくロマネスの逸話法を厳しく批判している。ドイツ実験心理学の精華は計算をする馬ハンスの行動[2]の解明であった。ベルリン大学の研究者たちはこの馬が計算をしているのではなく、聴衆の反応を手がかりにして反応していることを精緻な実験から解明した。これは安易な擬人主義に対する批判のみならず、実験者が気づかずに動物に与える手がかりへの警鐘であり、対面型動物実験や乳幼児研究の研究者は今日なお「研究者－被験者（動物）相互作用」の可能性を肝に銘じる必要がある。

[2] Pfungst, O. 1907 *Das Pferd des Herrn von Osten (der kluge Hans): ein Beitrag zur experimentellen Tier- und Menschen-Psychologie*. J.A. Barth. 邦訳はプフングスト／秦和子（訳）2007『ウマはなぜ「計算」できたのか：「りこうなハンス効果」の発見』（現代人文社）、柚木治代（訳）2014『りこうなハンス』（丸善プラネット）だが前者のほうが優れている。

■行動主義における動物実験

行動主義の祖ワトソン（John B. Watson）は多くの動物実験を行ったが、行動主義は動物実験に立脚したものではなく、自分の意識を対象とした自己観察法に対する反論から出発した。ワトソンの行動主義は科学の目的を事後の説明ではなく予測と制御とした点でもそれまでの心理学と一線を画す。[3] 行動主義によって、動物とヒトは全く同じように研究できるようになった。ワトソンは当初パブロフの条件反射をあまり評価しなかったが、後にこれを大幅に取り入れた行動主義を確立した。

その後、新行動主義のハル（Clark L. Hull）、トールマン（Edward C. Tolman）、スキナー（Burrhus F. Skinner）の時代を迎え、行動主義は動物モデルによる一般理論の構築へと向かい、動物実験は人間の研究のための手段になった。技術的には実験的行動分析は動物研究に大きな貢献をした。スキナー箱の中のネズミは反応したいときに反応し、休みたいときに休めるフリー・オペラントと言われる実験事態で訓練され、行動分析学は実験の自動化を推進した。スキナーは行動を統制するものとして個体発生的随伴性（条件づけ）とともに系統発生的随伴性（進化）の重要性を取り上げたが、種の比較は同時に数多くの独立変数を変化させることになるので、ほとんどやっていない。なお、米国自然史博物館を中心に動物の比較心理学の伝統があった。[4]

[3] 本書1-1「行動主義の流れ」参照

[4] シュネイラ（Theodore C. Schneirla.）、トバック（Ethel Tobach）と続く系譜で国際比較心理学会はその流れである。

■動物行動学の流れ

欧州で動物の行動の研究を分野としてまとめたのが**動物行動学**（エソロジー）である。ローレンツ（Konrad Z. Lorenz）は比較解剖学に範をとり現存種の行動の比較から行動の進化の過程を解き明かそうとした。種間比較をするための行動は器官と同様に「種に固有な行動」でなければならない。行動主義は基本的に学習理論だったから、種に固有で変化しない行動を対象とする動物行動学とは発想が異なった。古典的動物行動学の動物に対する考え方は機械論でローレンツは動物行動の水力学モデル[5]を作ったし、解発刺激[6]と定型的行動の関係は鍵と錠前であるとされた。ティンバーゲン（Nikolaas Tinbergen）は動物行動学の設問を至近要因としてのメカニズムと発達、究極要因としての適応機能と進化、の4つにまとめたことで知られ、特に至近要因と究極要因の区別は今日に引き継がれている。

動物行動学のその後の発展の第一は社会生物学（行動生態学）である。古典的動物行動学の研究対象は個体行動であり、遺伝はそれがどのように行動に影響するかという観点で見られていたが、社会生物学や行動生態学では遺伝子が主体で個体は遺伝子拡散のための乗り物に過ぎないと考える。包括適応度（直接の繁殖による遺伝子伝達と自分と遺伝子を共有する個体による遺伝子伝達の合計）の導入は、子殺し、利他行動などをうまく説明できた。また、レイプ、売春、仲直り、などの日常語を動物行動の記述にわざわざ使ってみせるというケレンもあり、スキナーは皮肉を込めて「もし社会生

[5] ローレンツは行動の発現を樽に動機づけという水が溜まって樽の下にある開放弁に圧力をかけ、一方開放弁は外部から解発刺激によって開かれるというモデルで説明した。圧力が高ければ解発刺激が弱くても水が放出され、逆に解発刺激が強ければ動機づけが弱くても行動が発現する。

[6] 生得的な行動は特定の刺激（解発刺激）が動物内部にある生得的解発機構を駆動することによって発現する。解発刺激はしばしば単純な刺激特性であり、セグロカモメのヒナの給餌を求める行動は親のクチバシを模した先端に赤点のある棒で解発される。

物学が動物行動学の子どもなら、それはエディプスである」と評した。ギリシャ神話のエディプスはそれと知らずに父を殺したからである。

動物行動学の第二の発展は認知動物行動学である。グリフィン（Donald Griffin）の主張の第一は、ヒトにだけ心を認め、動物に心を認めないというのは、「節約の原理」に反するというものである。主張の第二は神経系があれだけ似ているのにヒトにだけ心という特別な機能を考えるのはおかしいという点、第三は動物に心があると仮定したほうが説明しやすいさまざまな現象があることである。

動物行動学の第三の発展は神経行動学である。古典的動物行動学が仮定した生得的行動の解発機構（innate releasing mechanism）は実際の神経機構として実証的に研究されるようになった。神経科学ではさまざまな動物が使われるが、それはモデルとしての動物であり、行動の進化への関心は低い。

■比較認知科学

行動主義は動物モデルによる一般理論を目指したが、一般理論は限定的にしかできなかった。動物心理学は衰退したが、心の一般理論から心の進化の解明へと目的を切り替えた。もちろん、これには動物行動学からの影響が強かった。この転身は心理学としての動物心理学から生物学の分野としての動物心理学への変化とも言える。

心理学における行動主義の凋落の大きな要因は認知革命[3]であったとされる。しかし、行動主義と認知科学は本来似たところがある。行動主義は種を問わない行動の一般理論を目指した。認知科学は、実行器官とソフトウエアを分け、ソフトウエアの研究は実行器が人間であるか、機械であるか、動物であるかを問わないとした。もし、認知心理学が認知科学から生まれたとしたら、それは突然変異だと言わざるを得ない。認知心理学はヒトという実行器独自の情報処理に基礎を置くからである。

比較認知科学（comparative cognition）という名前が登場するのは1980年代からである。[7] まず行ったことは動物が示す「ヒト的」な行動の研究だった。この分野では大型霊長類学者が貢献した。しかし、大型霊長類とそれ以外という種差別が残った。霊長類中心主義もイルカやゾウによって脱中心化され、哺乳類中心主義もハトやカラスから挑戦を受け、比較認知科学者は知的能力の多様性という考えを受け入れるようになった。さらに脊椎動物中心主義も頭足類や昆虫から挑戦を受けた。小さな頭のハチも人間の顔を見分け、簡単な計算もやってのける。これらのことは脊椎動物型神経系の脱中心化でもあり、「心＝複雑な脳」の終焉でもある。今後、原生生物や植物の知的行動の解明によって「神経系中心主義」は新たな挑戦を受けるかもしれないし、ＡＩを含めた計算科学の発展は人間≒動物≒植物≒機械という認知科学の夢を実現するかもしれない。

（渡辺 茂）

［7］渡辺茂 2023「比較認知科学」『動物に「心」は必要か：擬人主義に立ち向かう（増補・改訂版）』東京大学出版会

1-4 人工知能研究の流れ①

■人工知能（ＡＩ）における学習

本稿では、**人工知能**（Artificial Intelligence: AI）、とりわけ、ニューラルネットワークに基づいた、コンピュータによる学習を取り上げる。注目されている分野でもあり、進歩の著しい分野でもある。人間の学習と異なる面が強調されているように感じられるが、人間の学習との異同を検討することにより示唆が得られよう。

本稿での学習は、コンピュータに知的な振る舞いをさせるための工夫を指す。現在は、第三次人工知能ブーム、あるいは、ChatGPT や Stable Diffusion[1] に代表される生成ＡＩを第四次ブームと捉える向きもあるが、その流れを学習という鍵概念に従って整理する。コンピュータを用いて人間の学習の振る舞いを模倣する試みは、人工知能研究の黎明期から存在する。とりわけ、**ニューラルネットワーク**（Neural Networks: NN）については、１９４３年のマッカロック（Warren McCulloch）とピッツ（Walter J. Pitts）による「神経細胞は論理回路とみなしうる」という提案に基づいて、神経回路網をコンピュータ上に実現しようとする試みが数多くなされてきた。ＡＩには、その

［1］ChatGPT はＡＩチャットボット、Stable Diffusion は画像生成ＡＩ。

最初期から記号処理とニューラルネットワークの流れがあったと考えてよい。

第一次ブーム

第一次ブームは、いわゆる「おもちゃ問題（トイプロブレム）」から始まった。例えば迷路やボードゲームのようなルールと目的とが明確に定まっている規模の小さな問題について、人間がその規則をコード化するというものである。すなわち、記号とその操作を考える、記号操作（ルールベース）の流れである。一方、パーセプトロン[2]に代表される初期のニューラルネットワークは、記号操作の流れとは対立関係にあった。記号主義（シンボリズム）対 結合主義（コネクショニズム）の二極対立は第三次ブーム直前まで続いていたとみなしうる。第三次ブーム以降はもっぱらコネクショニズムの後継モデルであるニューラルネットワークがこの分野を席巻している。第一次ブームは、おもちゃ問題が現実問題を解決するまで大規模化できないこと、パーセプトロンには解けない問題が存在することが明らかとなり、冬の時代となった。

第二次ブーム

記号処理系では、コンピュータの処理能力が向上したことを背景に、**if-then-else** 型[3]のエキスパートシステムと、パーセプトロンでは解けなかった線形分離不可能な問題[4]を多層ニューラルネットワーク（Multi-Layered neural networks/Perceptrons: MLP）によって解くための学習アルゴリズムである誤差逆伝播法[5]が開発されたことで興った。第二次ブームでも、データサイズとコンピュータの処理能力が依然として問題視

[2] 後述するように、ローゼンブラット（**Frank Rosenblatt**）により提案された第一世代のニューラルネットワークモデルをパーセプトロン（Perceptron）と呼ぶ。

[3] 条件文「もしAならばB、そうでなければC」のごとく条件文の集まりを繰り返し適用しながら、課題を解くような問題解決手法のこと。

[4] 線形分離可能（linear **separable**）とは、一次結合 y=ax+b のような一次式で分類可能な場合や課題を指す。

[5] 後述の「ニューラルネットワーク（NN）における学習」を参照。なお、誤差逆伝播法の発見の経緯には諸説ある。Schmidhuber, J. 2015 Deep learning in neural networks: An overview. *Neural Networks, 61*, 85–117.

された。誤差逆伝播法でＭＬＰの学習が可能であるにもかかわらず、実問題を解くためには、なお、コンピュータの容量と演算速度が不足していた。実際に日常的に使用されるコンピュータのオペレーティングシステムが64ビット化されたのは、第二次ブームの後である。このため、多くの実問題を解くことが実質的に困難であった。だが、この当時開発された技法は現在も用いられているし、指摘された問題を解決するための努力も継続されている。例えば、大規模なデータを解くための工夫である確率的勾配降下法や勾配消失問題と勾配爆発問題とを回避する技法である畳み込み演算、勾配クリップ、教師強制などである[6]。

第三次ブーム

畳み込みニューラルネットワーク（Convolutional Neural Networks: CNN）の成功を端緒とすると考えられることが多い。２０１０年から始まった大規模画像認識コンテスト（通称イメージネット）では、２０１２年にＣＮＮを用いたアレックスネットが従来手法を認識精度で10パーセント以上凌駕し優勝した。以後、２０１５年には残差ネットが人間の認識性能を上回った。ＣＮＮを用いて棋譜を認識し、強化学習の一つであるＱ学習[7]アルゴリズムを用いたＤＱＮ（Deep Q-Network）が米国アタリ（Atari）社のコンピュータゲームで人間の成績を上回り、ＤＱＮを用いたアルファ碁（AlphaGo）が人間の世界チャンピオンと肩を並べるまでに性能を向上させた。２０１７年、従来のリカレントニューラルネットワーク（Recurrent Neural Networks:

［6］Goodfellow, I., Bengio, Y., & Courville, A. 2016 *Deep learning*. MIT Press.（黒滝紘生ほか（訳）2018『深層学習』ドワンゴ）

［7］Ｑ学習とは、強化学習において、ある状況で、ある行動をとった場合の期待報酬を最大化するように学習することを指す。アルファ碁に即して言えば、任意の碁盤の状態で、どこに石を置くかによって、将来的に勝敗に対する確率を考えることができる。このように状態の評価と、選択する行為とを合わせて、将来の報酬を計算する一連の手法をＱ学習と呼ぶ。

RNN）を注意機構で置き換えたTransformer[8]が提案された。Transformerは、精度向上のみならず、並列計算との相性がよかったこともあり、ゲームチェンジャーとなった。

■ニューラルネットワーク（NN）における学習

NNにおける学習とは、モデルに含まれるパラメータ（重み、結合係数などとも呼ばれる）を調整して、目的関数（誤差関数、損失関数、初学者は、この3つの関数名を、同じものとみなしてもよい）を最小化することである。

NNとは、神経細胞（ニューロン）の動作を模した構成単位（ユニット、素子、ニューロンと呼ばれる）を組み合わせたモデルである。神経細胞は、神経結合（シナプス）を介して情報を伝達していると考えられるが、簡略化したモデルでは、複数の入力信号を受け取って、一つの出力を計算する単位となる。NNは、この基本単位を組み合わせて望む出力を計算するモデルである。入力信号を受け取る単位の集まりを入力層、出力信号を算出する単位の集まりを出力層と呼ぶ。入力層と出力層との間に位置し、直接外部との入出力信号に関わらない単位の集まりを中間層と呼ぶ。入力層から中間層を経て出力層へと逐次信号が伝播するモデルを多層パーセプトロン、あるいはフィードフォワード型のモデルと呼ぶ。一方、帰還信号を有するモデルをリカレントNNと呼ぶ。

[8] トランスフォーマーとカタカナ表記すると、単なる変換器、変換装置を指す場合もある。このため、ここではTransformerと先頭文字だけ大文字表記をした場合は、ヴァスワニ（Ashish Vaswani）らの提案したモデルを一意に指すものとする。本書1-5「人工知能研究の流れ②」も参照。

ＮＮの学習は、訓練とも呼ばれる。訓練開始時には、パラメータは乱数を用いて初期化される。この初期化されたパラメータを用いて出力値を計算し、教師信号と呼ばれる望ましい値との乖離を減じるようにパラメータが調整される。訓練、すなわちパラメータの更新は、盲目の登山者アナロジー[9]と称されるように、目的関数を各パラメータで微分した値を用いる。盲目の登山者が頂上に到達（目的関数にマイナス1を掛ければ下山する意）するためには、現在位置で白杖の届く範囲で最も急な方向（微分）に一歩踏み出す（パラメータの更新）必要がある。すなわち、盲目の登山者アナロジーとは勾配降下法のことである。

入力層と出力層が直接結合し中間層が存在しない、ＮＮで出力層にニューロン（ユニット、あるいは素子とも呼ばれる）が1つしか存在しない場合、その出力関数（活性化関数とも呼ばれる）が線形であれば（重）回帰分析と等価である。すなわち回帰式が線形であれば、解析解が存在するので、逐次的な学習、すなわちパラメータの更新は不要である。この例で、出力層素子の活性化関数をロジスティックシグモイド関数とすれば、多層ではないＮＮモデルは、ロジスティック回帰モデルと等価である。

ＭＬＰの訓練には、合成関数の微分則を用いて、出力層の誤差を、中間層を経て入力層まで伝播させることで行われる。入力データは、入力層から出力層に向かって伝播するので順向（フィードフォワード）と呼ばれる。逆に学習時は、出力層から誤差を合成関数の微分則を繰り返し適用（連鎖則、チェインルールとも言う）してパラメー

[9] ブラインドハイカーアナロジー(blind hikers analogy)。

タを更新することから、パラメータ更新のための情報は出力層から入力層へと逆向（フィードバック）に伝播する。このようなＮＮの学習を誤差逆伝播法と呼ぶ。誤差逆伝播法の変種や高速化の提案など数多存在するが、ＮＮの学習では主として、誤差逆伝播法が用いられる。

４層以上の層をもつＮＮを**深層学習**[9]（Deep Learning: DL）と呼ぶ。ＤＬでは誤差逆伝播法が用いられるが、データの大規模化に伴い学習の高速化、安定化が図られている。

〔浅川伸一〕

人工知能研究の流れ②

Transformerから生成ＡＩへ

■言語モデル（ＬＭ）における学習

人間が作りがちな単語の並び方とよく似た文章を、回路が作り出すことができるか。文章が与えられたとき、文頭から順番に単語を見ていき（入力していき）次の位置にくる単語を予測する問題を言語モデル（Language Modeling: LM）と呼ぶ。ニューラルネットワーク（Neural Networks: NN）を用いた言語モデル（Neural Language Modeling: NLM）では、入力層と出力層のサイズは、データに現れる単語数と同程度のサイズになる。具体的には、ワンホット表現と呼ぶ表現では、通常、数万の次元をもつベクトルであり、一つの要素が１であり、他の全要素が０であるベクトルとなる。極端に出現頻度が低い単語は、学習に時間がかかるので、未知語として扱う場合も多いが、低頻度語を未知語として扱うにしても、入力単語数は数万になる。後述するTransformerベースのモデルは、３万２０００語である場合が多い。

このベクトルサイズを小さくする努力の一つとして、中間層、あるいは、各要素が実数である埋め込みベクトルを用いる。Transformerでは、３万２０００語の入出力ベクトルに対して、768次元に圧縮した実数ベクトルを、埋め込みベクトルとして用いる場合がある。この埋め込みベクトルを生成するネットワークを符号化器《エンコーダ》、符号化器が生成した埋め込みベクトルから、文を生成したり、復元したりするネットワークを復号化器《デコーダ》と呼ぶ。言語モデルにおいては、符号化器と復号化器とをつなぎ合わせた**符号化器・復号化器モデル**が用いられる。

■ Transformer における学習

本稿執筆時点で、GPT-3、GPT-4、ChatGPT、GPT-4o などは人口に膾炙している。GPTは、OpenAI によって開発された大規模言語モデルの一種である。GPTとはGenerative Pre-trained Transformer の頭文字である。それぞれの文字の意味を解説する。

生成的（generative）：モデルは、与えられた入力に対して言語系列を生成することができる。つまり、あるテキストが与えられると、モデルは次に来る単語を推測しようとする。

訓練済み（pre-trained）：モデルは、一般的なテキストの非常に大規模なコーパスで訓練されており、一から再訓練する必要なく、一度訓練すれば多くの異なることに使用できるようになっている。

Transformer：自己教師付き符号化器・復号化器の深層学習モデルで、言語モデルに適した特性をもつ。Transformer は、空白にされた単語を推測するための特定の方法で符号化を変換する、特定の深層学習モデルである。[1] Transformer の基本構成単位は、古典的な符号化器・復号化器ネットワークである。符号化器はごく標準的な符号化処理を行い、**自己注意**を加えて上位層への処理結果を伝播させる。

事前学習については、モデルは、一般的なテキストからなる大規模なコーパスで学習される。これは多かれ少なかれ「インターネット上で入手可能なデータ」であることを意味する。このようなデータを用いて学習することで、例えば医療文書のような特殊なテキストで学習した言語モデルよりも、より幅広い入力に対応できるようになる。一般的なコーパスで訓練された言語モデルは、理論的には、インターネット上の文書に表示される可能性のあるものすべてに合理的に反応することができる。医療文書にのみ訓練された言語モデルは、医療の文脈に関連する入力には非常によく反応するが、雑談や料理のレシピのような他の入力には全く反応しないかもしれない。

■大規模言語モデル（LLM）における学習

ChatGPT、GPT-4o、Llama その他を含む**大規模言語モデル**（Large Language Models: LLM）が行うことの基本は、次に来る単語を推測することである。このことを「推論」や「思考」と呼ぶのであれば、限定された推論や思考に過ぎないと言わざるを得ない。では、コードを生成したり、詩を書いたり、科学技術に関する質問に答

[1] 次の論文で導入された。Vaswani, A. et al. 2017 Attention is all you need. https://doi.org/10.48550/arXiv.1706.03762

えたり、文書を要約したり、電子メールの下書きをしたりといったことが、なぜそんなにうまくいくのだろうか？　その理由は、2つ考えられる。

一つは、単語の文脈を混ぜ合わせることで、次の単語を推測する能力を高めていること、もう一つは学習方法である。ＬＬＭは、インターネットなどから収集したデータ、すなわち大規模コーパスを用いて学習される。この中には、書籍、ブログ、ニュースサイト、ウィキペディアの記事、掲示板での議論、ＳＮＳでの会話などが含まれる。学習中、これらのソースから入力テキストデータを与え、次の単語を推測させる。

自己教師あり学習[2]で訓練されるので、もし間違った推測をしたら、それが正しくなるまでモデルを微調整する。ＬＬＭが何をするように訓練されているかと言えば、インターネット上に現れる可能性のあるテキストを生成することである。ＬＬＭはインターネットを記憶することはできないので、符号化器を使って妥協し、少しは間違えるが、できればそれほど間違えないようにする。インターネット上の文章がどれほど多様なトピックであるかを過小評価しないことが重要である。

ＬＬＭは訓練コーパスをすべて学習している。さまざまな話題に関する膨大な量の会話を学習しているのである。すなわちＬＬＭは、まるで会話しているかのような言葉を作り出すことができる。

ＬＬＭは何十億ものありとあらゆる詩や音楽の歌詞を見てきているので、まるで詩

［2］回帰分析のように、あらかじめ出力すべき値が与えられている問題を「教師あり学習」と呼び、一方、アンケート調査項目の傾向を分析する際に、質問項目を束ねるような種類の問題、典型的には、心理学で用いられる因子分析法などは「教師なし学習」と呼ぶ。これらに対して、自分自身の内容を復元するような学習では、内容の一部を遮蔽したり、劣化させたりした入力を与えて情報を復元させる手法を指して「自己教師あり学習」と呼ぶ場合がある。

のような文章を作ることができる。何十億ものレポートや報告書を学習しているため、多少違っていても、課題やレポートについて合理的な推測ができる。プログラマの仕事の多くは、非常に典型的でよく理解されていることを実行するためのコードの断片を、より大きなコードの塊に組み立てることである。

ＬＬＭは、小さくても一般的なコードを書くことができる。ＬＬＭはQiitaやstackoverflow.com[3]で何十億もの間違ったコードとその修正例を学習している。このため、壊れたコードを取り込んで、修正を提案することができる。ＬＬＭはたくさんの科学論文を読んでいるので、よく知られている科学的事実を推測することができる。ＬＬＭは、要約したり、文章を箇条書きに書き換えたり、文章をより文法的に、あるいは簡潔に、あるいは説得力のあるものにする方法を説明したりする何十億もの例を見ている。このような大規模な訓練データを経験していることが重要である。ＬＬＭと対話するとき、「ＬＬＭは頭がよいとか、クリエイティブだとか、理解力がある」と考えるべきではない。せいぜい「学習データの中に、酷似した例があったので、そのときと同じような文が生成されたのだろう」と判断すべきである。ＬＬＭが「一生懸命考えている」とか「洗練された推論をしている」ような比喩や擬人化をすべきではないだろう。

［3］Qiita（https://qiita.com）は日本語の、stackoverflow（https://stackoverflow.com）は英語のエンジニア向けの情報共有を目的としたサイトである。

■ ChatGPT における学習

ChatGPTはTransformerベースのＬＬＭである。ChatGPTは、入力プロンプトに対する応答を生成することができ、とりわけ、有害または反社会的とみなされるような話題に関する質問に対する回答を拒否することで評判を得た。本稿執筆時点で、ChatGPT（他のＬＬＭも同様）を訓練するために人間のフィードバックによる**強化学習**（Reinforcement Learning with Human Feedback: RLHF）が注目を集めている。この技法は新しいものではないが、ChatGPTで導入され、大きな効果をもたらした。

ChatGPTの学習は通常通り行われ、インターネットの大部分をスクレイピングし[4]、テキストの断片を取り出し、システムに次の単語を予測させた。その結果、非常に強力な単語予測（GPT-3と同等）のベースモデルができあがった。その後、２つの学習ステップが追加されている。人間との対話によるチューニングと、ＲＬＨＦである。

人間のフィードバックによる強化学習（ＲＬＨＦ）

強化学習は、伝統的にロボット工学や、仮想ゲームのエージェント（チェス、囲碁、ビデオゲーム）で使われてきたＡＩ技術である。強化学習は、環境に対して働きかけ、報酬を得た場合に何をすべきかを見つけ出すことが可能である。報酬とは、その学習がどれだけうまくいっているかを示す数値を指す（うまくいっていれば+1、うまくいっていなければ-1など）。現実世界でもゲームでも、報酬はめったに与えられないことが多い。ゲームでは、ポイントを得るまでに多くの手を打たなければならないかもしれ

[4] アイスクリームをパイント缶からすくい取る際に使う道具のことをスクレイパーという。同じようにウェブ上で表示、検索できる文書をすくい取って利用することをスクレイピングと呼ぶ。その目的のために使用されるプログラムやＡＰＩ（Application Programming Interface）がスクレイパーである。

ない。ポイントがもらえるのはゲームの最後のほうだけかもしれない。現実の世界では、よい行動や作業をしていても、それを評価して褒めてくれる人は少ない。本当に知っておく必要があるのは、強化学習システムは、将来どれだけの報酬が得られるかを予測し、将来、より多くの報酬を得られる可能性が高い行動を選択しようとする、ということである。

プロンプトエンジニアリング[5]

ＬＬＭは学習データの一部を記憶することが知られており、適切なプロンプトが出されると、記憶した学習データを加工して出力する。このことが、ChatGPTとの対話を可能にしていると考えられる。逆言すれば、ＬＬＭに対してどのようなプロンプトを与えると、望む回答が得られるのかが鍵となる。このことは、文章から画像を生成するstable diffusionモデルでも同様であることから、プロンプトエンジニアリングという用語が頻用されている。プロンプトエンジニアリングは、学習の一側面と捉えることが可能であり、注目される考え方となるだろう。

[5] Liu, J. et al. 2021 Generated knowledge prompting for commonsense reasoning. *arXiv* preprint, https://doi.org/10.48550/arXiv.2110.08387

■世界モデルと強化学習分野における学習

囲碁のモデルとして話題になったアルファ碁（AlphaGo）は、深層学習による認識と**Q学習**[6]とを組み合わせ、囲碁の名人と肩を並べる性能を示した。このことから、強化学習における学習が注目を集めた。アルファ碁のもとになったＮＮモデルは、ＤＱ

[6] 本書1－4「人工知能研究の流れ①」を参照

N（Deep Q Network）と命名されたモデルである。ところがDQNは論文[7]発表時点では、アタリ社のビデオゲームすべてで人間の成績を上回ったわけではなかった。ビデオゲーム57種類のすべてで人間の成績を凌駕したモデルをAgent57と呼ぶ。[8] Agent57では、エピソード記憶、経験に基づく再生、好奇心に基づく探索など、認知科学、認知心理学用語を機械学習、人工知能的に定義して評価関数に取り入れている。

Agent57と同等の性能を示すモデルとして、**世界モデル**が挙げられる。世界モデルは、外界の状態を内部モデルとして取り込むことで、性能の向上が示された。世界モデルは、外界の状態の推定機構を内部に保持することで、モデルがとるべき次の行動を予測する。世界モデルの心理学的あるいは認知科学的対応物を考えれば、バンデューラ（Albert Bandura）の観察学習、あるいはヴィゴツキー（Lev Vygotsky）の社会文化的学習との関連が想定できるかもしれない。[9] 例えば、親からの虐待を受けて育った子どもが、自らの子を虐待するような事例では、養育者の行動選択が、子どもの世界モデルにおける内部モデルとして取り込まれたと説明できるかもしれない。

（浅川伸一）

[7] Mnih, V. et.al 2015 Human-level control through deep reinforcement learning. *Nature, 518*, 529–533.

[8] Badia, A. P., Piot, B., Kapturowski, S., Sprechmann, P., Vitvitskyi, A., Guo, Z. D., & Blundell, C. 2020 Agent57: Outperforming the Atari Human Benchmark. *Proceedings of the 37th International Conference on Machine Learning, in Proceedings of Machine Learning Research 119*, 507–517. https://doi.org/10.48550/arXiv.2003.13350

[9] 本書1－2「行動主義以外の流れ」、3－4「模倣と観察学習」、4－1「発達の最近接領域」参照

2章　「個人×潜在」
——知識の変容 knowing

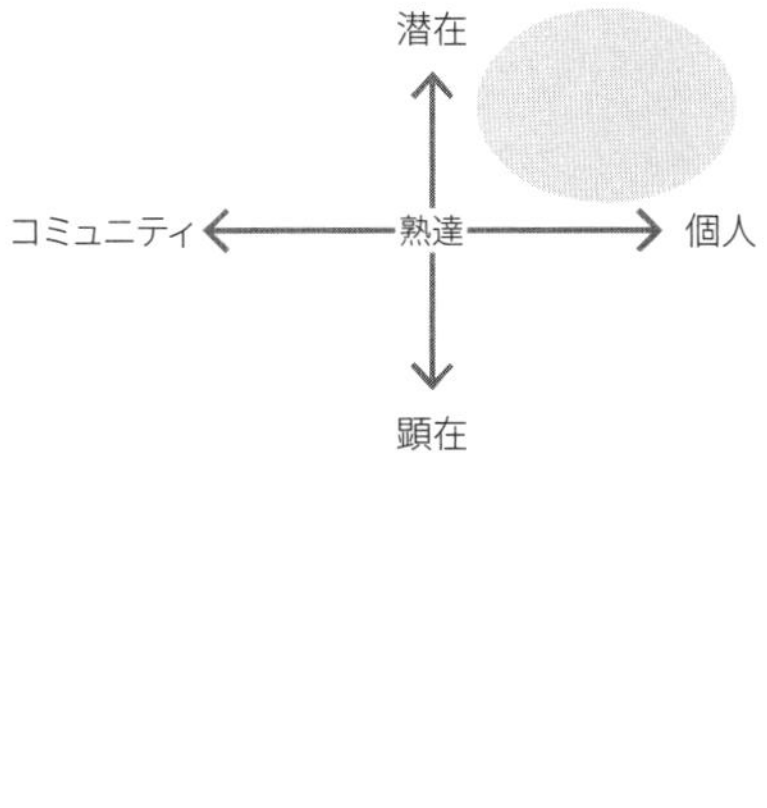

エビングハウスの記憶研究

■科学的な記憶研究の始まり

記憶研究はいつから始まったのか

エビングハウス（Hermann Ebbinghaus）の著書『記憶について』[1]は1885年にドイツで発表された。この本はエビングハウスが1880年にベルリン大学に提出した同名の教授資格論文[2]を大幅に拡大したものであり、1879年から1880年にかけての前半部分と、1883年から1884年にかけての後半部分の実験結果からなる。教授資格論文を査読したツェラー（Eduard Zeller）の勧めもあって、データを追加したいわば完全版を5年後に出版したわけで、「**無意味つづり**」や「**節約率**」などのちによく知られるようになる用語もこのとき初めて掲載された。実験心理学の歴史の草創期においては、知覚研究が感覚生理学に、あるいは反応時間研究が天文学に由来するように、他の専門分野の研究に基づいて発展してきた領域が珍しくなかった中で、エビングハウスが始めた記憶研究は他分野の研究に依存しない、心理学に特異的な研究分野の最初であるといえる。[3]

［1］Ebbinghaus, H. 1885 *Über das Gedächtnis: Untersuchungen zur experimentellen Psychologie.* Duncker & Humblot.（エビングハウス／宇津木保（訳）・望月衛（校閲）1978『記憶について：実験心理学への貢献』誠信書房。邦訳は1964年版英訳からの重訳）

［2］Ebbinghaus, H. 1983 *Urmanuskript »Über das Gedächtnis« 1880.* Passauer Schriften zur Psychologiegeschichte, Nr.1.

［3］前掲書［2］のトラクセル（Werner Traxel）による解説参照（pp.v–vii）

エビングハウスはどうしてこの研究を始めたのか

エビングハウスがボン大学を修了した1873年から、ベルリン大学に教授資格論文を提出した1880年までの間に何が起こったのかについては正確にはわかっていない。しかし、断片的な情報を総合すると、記憶の研究を行う契機となったのは次の4つであると考えられる。

1つめはフェヒナー（Gustav T. Fechner）の『精神物理学要論』[4]に出会ったことで、これにより心理学の領域に実験的な方法を応用する道が開けたといえる。

2つめはロック（John Locke）やハートレー（David Hartley）などイギリス連合主義の影響である。連合の基本にあるのは観念と観念をつなぐ記憶である。

3つめは心的現象に数学を適用しようとした人物としても知られるヘルバルト（Johann F. Herbart）の影響である。表象力学と称される理論の中では「表象の強度」がどのように測定可能かなどの具体例には一切触れられていないこともあり、エビングハウスが実際にデータを用いてヘルバルトの理論を確認しようとしたことが随所に読み取れる。

4つめとして、1870年代後半にイギリスやフランスで語学の教員として働いていた経験が挙げられる。外国語を習得するための実践的な関心として、母語ではない一連の語がどのように学習されるのかに興味をもつことは容易に想像される。

このようなことを背景に、エビングハウスは記憶過程に関する実証的データを取得

［4］Fechner, G. T. 1860 *Elemente der Psychophysik* 2 vols. Breitkopf & Härtel.

することを目指して1879年に実験を開始したと考えられる。

■エビングハウスの記憶研究の特徴とわかったこと

記憶材料

エビングハウスの記憶実験の特徴は何といってもその記憶材料にある。無意味つづりとエビングハウスが呼んだその材料は、子音2つの間に母音1つが挟まった3音が1音節となったもので、日常生活で使われるドイツ語ではない人工的なものである。[5] 結果的に約2300の無意味つづりを作って紙に記し、それらの中から一定数だけ無作為に選んだものを並べて作成した記憶リストを数多く用意した。

エビングハウスは有意味つづりや数字を用いた実験もあわせて行い、[6] 無意味つづりの利点として簡潔性と等質性を挙げている。エビングハウスの研究では個々のつづりというよりも、あくまでもリストの記憶が中心であり、その意味では現在の**系列学習**に通じるものである。そのため、一定の速度でリストを音読し、再生する際にも一定のリズムで読み上げることが求められた。[7]

学習曲線

エビングハウスの実験では、例えば12個の無意味つづりからなるリストを6種類学習するといった手続きをとった。1つめのリストが間違いなく反復できて基準に達すると、[8] 15秒あけてから続けて新しいリストを覚えた。こうして決められた数のリスト

[5] 3音であって3文字ではないことに留意されたい。例えば英語のshのような音はドイツ語ではschと3文字を要する。

[6] ドン・ファンをモチーフにしたイギリスの詩人バイロン（George B. Byron）の「ドン・ジュアン」（1819–1824）の英語原著から材料をとった。

[7] 毎分150拍という速度を保つために、当初はメトロノームの音、途中からは懐中時計の音（毎分300回カチカチと鳴る）に合わせて音読していた。

[8] 前半の実験ではすべての無意味つづりを2回にわたって誤りなく反復できたときが学習完成の基準であったが、後半ではこの回数は1回に減った。

が間違いなく反復できて学習試行が完成するまでの時間を記録した。

1つのリストに含まれる無意味つづりの個数によって、学習が完成するまでの反復回数がどのように変わるのかという実験では、きれいな増加曲線が得られている。このときにエビングハウスは、自分が1回で間違いなく覚えられるつづりの数は7つまでと明記しており、のちの「マジカルナンバー7±2」[9]を先取りしていて興味深い。

再学習法と学習の節約

エビングハウスの研究の多くは学習の保持に関する実験であり、そのために採用されたのが**再学習法**である。16個の無意味つづりからなる6種類のリストを学習したある実験では、24時間後の再学習に要した時間を1日前の原学習で要した時間から減じることで学習の節約という考え方を導入した。先行学習の反復回数を8回から64回まで増やした実験では、回数に応じて節約時間が増加した。

エビングハウスの関心は反復とともにリストの学習が強まっていくことだけではなく、時間とともに忘却の過程が強まっていくことにもあった。そのことを示すために再学習までの時間を20分から31日まで7条件用意して実験を行い、再学習時に節約された時間の割合（節約率）を調べた。13個の無意味つづりからなる6種類または8種類のリストを時間条件ごとに学習するという方法で得られたこのデータは、現在では忘却曲線と称されることも多いが、試行間間隔が20分の場合でも再学習の節約率は58・2パーセントに過ぎない一方で、6日後でも25・4パーセント、31日後でも21・

[9] アメリカの認知心理学者ミラー（George A. Miller）の1956年の論文のタイトルにもなっているもので、短期記憶の容量を指す。Miller, G. A. 1956 The magical number seven, plus or minus two: Some limits on our capacity for processing information. *Psychological Review*, 63(2), 81–97.

1パーセントとあまり下がらないことがわかっている。[9]

系列内の項目間の結びつき

この研究の最後のほうは、覚えるべきリストの中の項目間に特別な結びつきが作られるかどうかを調べた実験が並んでいる。例えば、無意味つづり16個からなるリストを6種類覚えた後で、1日経ってからそれらのリストの中の項目を1つおきに並べ替えたり、2つとばしで並べ替えたり、あるいは逆向きにしたり、という処理を加えて再学習するというものである。概して、項目の位置が近いもの同士の結びつきは強いが、位置が近くても逆向きに覚えた場合は弱くなるという方向の影響も確認された。

一人の実験結果からの一般化と数式化

エビングハウスが活躍した19世紀後半は、フェヒナーの精神物理学に代表されるように、実験者イコール被験者[10]であることが一般的だった。したがって、この記憶実験もすべてエビングハウス本人が実験者であり被験者である。前述のように前半と後半の実験には3年以上の間隔があいていたが、それぞれ1年以上にも及ぶ記憶の実験において、同じ時間帯に実験を行おうとしたり[11]、途中の成績を気にするかしないかで結果に影響があるのかを調べたり、できるだけ条件を統制しようとして個人内誤差を減らそうとしていた。

そもそも19世紀末の実験において、一人から得られたデータの平均値の信頼性はどのように考えられたのだろうか。この時代にはまだ標準偏差が導入されておらず、

[9] 節約率 b は次のような近似式で表される（前掲書［1］より変形）。$b=184/(\log t^{1.25}\times 1.84)$

[10] 最近の心理学実験では被験者の代わりに実験参加者という語を使うが、この一人実験においてはまさに実験者＝被験者である。エビングハウス自身は本文中に一度も被験者（英語は subject）という語を使っていないが、英訳や邦訳では使われている。

[11] 時間帯によって学習に影響があるという知見は、この時代にはまだ得られていないと考えられるが、エビングハウスは自分の体験から後半の実験は午後の早い時間に固定して、特に夕方の実験を避けるようにした。

データのばらつきを表す数値としてエビングハウスは確率誤差[12]を用いていた。統計学者のレクシス（Wilhelm Lexis）の文献を参考に誤差の法則を自分の実験にあてはめて、現在の私たちであれば標準偏差を計算するようなあらゆるところに確率誤差を求めて、結果の一般化を試みていたのである。

[12] 蓋然誤差ともいう。平均値±確率誤差の範囲内に全データの50パーセントが分布するので、第1四分位と第3四分位の差を2で割った四分位偏差に等しい。

■エビングハウスの研究の影響

『記憶について』の出版後、エビングハウス自身はそれ以上記憶研究を続けることはなく、ドイツではミュラー（Georg E. Müller）の研究室を中心にこの記憶研究をさまざまな形で補完しようとしたが、やがてゲシュタルト心理学の影響から、連合主義的な記憶研究は下火となった。アメリカでは1890年にジェームズ（William James）が『心理学原理』で紹介しているが、本格的に知られるようになったのは20世紀になってからである。[13] その後は、記銘の手続きも洗練され、再学習にかかる時間や節約率といった測度は、再生数や正答率などに置き換えられていき、被験者（実験参加者）の複数化や推測統計学の導入など、研究方法自体に大きな変化があった。

[13] 前掲書［1］の英訳は1913年に出版された。ジェームズの引用はJames, W. 1890 *The principles of psychology* (Vol. 1, pp.676–678). Henry Holt に見つかる。

現在でも「心理学実験」の科目で記憶実験、特に系列学習が採用されることは多く、無意味つづりを用いた実験も少なくない。ただし系列学習の原型でありながら、再学習法では系列位置効果を確認することはできないので、エビングハウスの古典的実験の手続きが繰り返されることはすでになくなっている。

〔高砂美樹〕

2-2

言語の学習

言葉を話す・聞くという行為を獲得する

■言語の学習とは言語獲得・発達のプロセス

人がこの世に生まれ落ちてから言葉を理解し、そこから精緻化された言語を操れるようになるまで、どのような道筋をたどっているのか。個人的な経験としては、ほとんどの人が通ったはずの道（過程）にもかかわらず、未だ**言語学習**（つまりは言語獲得・言語発達）のプロセスは「このようになされる」と確定することはできない段階であると言える。本稿の「言語の学習」には、広く言語獲得・言語発達の分野を含めている。この分野には膨大な研究の蓄積があるので、大まかな流れを示していく。

言語学が扱う社会規範としての言語vs.心理学が扱う個人の言語

言語学習についての研究は、大きく言語学の視点からのアプローチと心理学の視点からのアプローチに分けられる。前者では、言語は記号体系として社会との関係において、後者では、言語行動は個人の行動の一環として捉えられる。ソシュール（Ferdinand de Saussure）が言語というものを言《げん》（パロール parole）、言語（ラング langue）、言語活動（ランガージュ langage）という3側面に分け、パロールというのは

[1] 芳賀純 1988『言語心理学入門』(pp.24–25) 有斐閣双書

[2] Preyer, W. 1882 *Die Seele des Kindes: Beobachtungen über die geistige Entwickelung des Menschen in den ersten*. Th. Grieben.

[3] 小椋たみ子 2017「言語発達の研究方法」岩立志津夫・小椋たみ子（編）『よくわかる言語発達 改訂新版』(pp.24–25) ミネルヴ

個々人の用いる言葉、言語というのはある社会や国といった共同体で共通に用いられている言葉の規範、言語活動はこの2つを合わせたものと整理した。そして、パロールを研究対象とするのは心理学、言語を研究対象とするのは言語学とした。[1]

子どもが発した「ことば」の分析からスタート

言語発達の研究の歴史を紐解くと、1880年代に自らの子どもの行動および環境を丹念に記録し考察したドイツの研究者プライヤー[2]（William T. Preyer）が端緒とされている。[3]当時は子どもが発したことばの分析というのが、研究の主流であった。「一語文」[4]のようなはっきりと成人にも理解できる「ことば」を発する「以前」の前言語期（pre-verbal period）と言われる時期についての関心は言語学の領域では薄かったようで、この時期の研究が活発になるのは1980年以降である。[5]

行動主義から解明する言語学習

心理学の領域では、パブロフ（Ivan P. Pavlov）の条件反射の原理からスタートした学習理論から、さらに発展し、**オペラント条件づけ**の原理を軸に行動分析学を創設したスキナー（Burrhus F. Skinner）らが隆盛を極め、言語学習のプロセスを解明するのではないかと思われた時代があった。行動とは環境との相互作用によるとする行動理論の一般原則に基づいて言語行動の解明を目指していたのである。[6]ところが、スキナー以外の行動主義者による学習理論に基づく言語に関する研究は1950年以降、下火になっていったという。[7]

ァ書房

［4］幼児の発する一語であるが意味をもつ発語を「一語文」と呼んだのは、ドイツの児童心理学者のシュテルン夫妻（Clara and William Stern）である。（西村千恵子 1986「言語獲得とテクスト：子どもの「一語発話」を考える」『独逸文学』30, 79–100.）

［5］堀素子 1981「ことばが出るまで」堀素子、F・C・パン（編）『言語習得の諸相』（pp.51–76）文化評論出版

［6］McNeill, D. 1970 *The Acquisition of Language: The Study of Developmental Psycholinguistics.* Harper & Row.（マクニール／佐藤方哉・松島恵子・神尾昭雄（訳）1972『ことばの獲得：発達心理言語学入門』大修館書店）

［7］前掲書［6］「訳者あとがき」によれば、「現実に観察される言語行動と学習理論との関連性が十分に理解されていたわけでもなかった」（p.307）とある。

■チョムスキーの生成文法

言語からではなく、論理から出発

言語の学習という際に避けては通れないのが、チョムスキー（Noam Chomsky）である。チョムスキーはそもそも人に生得的に備わっている「**言語獲得装置**（Language Acquisition Device: LAD）」によって構文・文法を処理することができるとした。その言葉を生成するための文法という意味での「生成文法」と個別の言語を越える普遍なるものとしての「普遍文法」を仮定したことはその後の言語研究のみならず関連領域の研究の流れも大きく変えた。田中克彦《かつひこ》によれば、このパラダイムシフトの根幹は、「言語の研究を、言語そのものの研究から出発せずに、論理から出発させるという大逆転を現代において行った[8]」ということである。そもそも論理と言語はどのような関係にあるかは大きな問いであり、ソシュールによれば論理と言語を同一視したのはギリシャ人だという。論理が普遍的なものかどうか自体も大問題であるが、チョムスキーはこれを人類に普遍的なものという前提に立ち、すべての言語に共有な「深層構造」を仮定した。そして世界にあるさまざまな言語はそれが違う形で発現したものだとしたのである[9]。

生得的か、学習されたものなのか

言語獲得・言語発達はいかにしてなされるのか、という問いは、スキナーに代表される行動主義に基づく学習説とチョムスキーの主張する生得説が真っ向から対立する

［8］田中克彦 1993『言語学とは何か』（p.28）岩波新書

［9］前掲書［8］pp.27–29

［10］Skinner, B. F. 1957 *Verbal Behavior*. Appleton-Century-Crofts.

［11］Chomsky, N. 1959 A review of B. F. Skinner's verbal behavior. *Language*, 35(1), 26–58.（チョムスキー／梶尾真美（訳）2020「書評 B・F・スキナー『言語行動』」福井

形でその後、議論が展開した。スキナーが言語行動について自身の考えを網羅的に記した『*Verbal Behavior*』を1957年に発表[10]、これに対して、チョムスキーが批判論文を発表するが[11]、スキナーは自分の論考が正確には理解されていない的外れな内容ということで、最後まで読まず返信もしなかったという[12]。この対立は「伝統的な生得・経験論争」と言われるほどの大論争となって多くの研究が継続している[13]。

■言語発達の諸側面

チョムスキーは主に言語の文法構造、すなわち統語的な側面に着目していたが、言語発達・言語学習という場合にはそれ以外のさまざまな言語面、およびそれを支えるとされる側面の発達についても研究は進められている。前述したように、言語をコミュニケーションの手段として捉え、初語を話し始める以前の前言語期のコミュニケーションに関するもの、その時期の養育者の語りかけの問題、大人と子どもの共同注意、音韻を知覚するための基礎となる聴覚面、言葉を発する際に必要となる発声発語器官の発達が、言語発達を支えるとされる側面に含まれている。このうち、特に養育者の語りかけに着目したのがブルーナー（Jerome S. Bruner）で、彼は養育者が幼い子どもに行う独特のかかわり方を言語獲得援助システム（Language Acquisition Support System: LASS）として、これが言語発達を支えているとした。言語獲得には社会的相互作用が重要と考えたのである[14]。

直樹・渡辺明（監修）『言語』岩波新書）

[12] スキナーがなぜチョムスキーの批評に返信をしなかったかの詳細については、次の論考を参照されたい。Skinner, B. F. 1972 *A lecture on "having" a poem. Cumulative record*, (3rd ed.) (pp.345–355). Appleton-Century-Crofts.（スキナー／井垣竹晴（訳）2021「詩を〝産み出す〟ことについての講演」スキナー著作刊行会（編訳）『スキナー重要論文集Ⅲ：社会と文化の随伴性を設計する』(pp.243–266) 勁草書房

[13] 上田徳良 2008「英語教育再構築論考（問題提起篇）：言語獲得（習得）に関する伝統的な生得・経験論争から基底的英語学習仮説／原理を考える」『盛岡大学短期大学部紀要』18, 57–67.

[14] 小椋たみ子 2017「養育者の語りかけの特徴と役割」岩立志津夫・小椋たみ子『よくわかる言語発達（改訂新版）』(pp.30–31) ミネルヴァ書房

言語の側面としては、いわゆる言語学の下位分野に相当する、音声学的側面、音韻論的側面、意味論的側面、統語論的側面、語用論的側面といったそれぞれの面についての研究がなされている。[15] **音声学**とは、人によって発せられた音声そのものを扱う分野で、さらに調音音声学という発音がいかになされているのかという過程や機序を対象とするもの、音響音声学という音そのものが空気を伝わって伝播していく部分を対象とするもの、聴覚音声学という人が音を聞き取る部分を対象とする三分野に分かれる。**音韻論**とは、ある言語の中で「意味をもつ」最小単位としての音素を対象とする。先の音声学では同じ「あ」音であっても物理的、つまり音響的に異なる音は異なるものとして認識されるが、音韻論ではさまざまに発音された「あ」を音素とするという意味である。田中はこの二者の関係を「音声学は連続を、音韻論（音素論）は不連続を扱う」とし、さらに「言語そのものが、連続の世界を不連続につくり替える機構で（中略）まずオトのレベルで行われている」と述べている。[16]

意味論とは、語や文が表す意味を対象とする。何かを表す音とそれが表されるものとの関係は基本的には恣意的なものであり、「オトが意味を決めると同時に意味がオトを決める」と言われる所以である。[17] **統語論**は、語と語の関係、構成される仕組みを取り扱う。狭義の意味で文法と言われる場合もある。これがチョムスキーが着目した部分で、文を規則によって生み出すという生成文法の考え方を提示した。**語用論**とは、「言語使用」にかかわる分野である発話がどのような意味・機能をもつかを社会

[15] 岩立志津夫・小椋たみ子 2017『よくわかる言語発達（改訂新版）』ミネルヴァ書房

[16] 前掲書［8］p.90

[17] 前掲書［8］p.119

的文脈から捉えようとするものである。

■コンピュータが学べるか「記号接地問題」

認知科学の領域では「記号接地問題」[18]という、現実世界での身体経験なしに言語という記号を学べるかという問題がある。1990年代までは「言語とは、身体感覚とは直接つながりのない、抽象的な記号である」という見方が主流であった。[19]言語研究の周辺領域でしかなかったオノマトペに逆に着目して言語発達・言語獲得の研究を進めてきた今井《いまい》むつみと秋田喜美《あきたきみ》は、オノマトペが身体と一般言語をつなぐ重要な機能を果たし、[20]さらに一見高度に抽象的な記号と見られていた言語も「最初の一群のことばは身体に接地していればよい」と身体経験の重要性を述べている。[21]

随伴性と同じこと？

ここで私たちは最初の問いに戻ってきた。人間がことばを学ぶ際に、身体経験なしでは成り立たないということは、スキナーの行動分析学で言うところの随伴性[22]にさらされる（すなわち、身体的な経験をもつ）ことと重なってきはしないだろうか。言語学習・言語獲得のプロセスを、人間という個体と環境との相互作用の枠組みで「言語行動」として捉えなおすアプローチの必要性が再認識されつつあると言えよう。

〔三田地真実〕

[18] この記号接地問題については、人間としての経験を持たないAIにどのようにして「短歌」を詠ませるかという研究などからも、別の知見が得られる可能性もある。浦川通 2024『AIは短歌をどう詠むか』講談社現代新書

[19] 今井むつみ・秋田喜美 2023『言語の本質：ことばはどう生まれ、進化したか』(p.v) 中公新書

[20] 前掲書［18］pp.91–93

[21] 前掲書［18］pp.126–127

[22] 本書3－2「オペラント条件づけ」参照

2-3 動物における概念学習

比較認知の展開

■さまざまな概念

動物がさまざまな事物を類似する特徴や関係性に基づいて分類し、構造化する学習を**概念学習**（concept learning）あるいは**概念形成**（concept formation）という。私たちが自然環境で遭遇する事物は多様であるが、過去に経験した事例に共通する特徴をもとに、刺激般化[1]などによって、新奇な場面において適応的に行動するという意義をもつ。**比較認知**（comparative cognition）では、ヒトを含めた動物における行動実験による比較研究を通じて、その心的機能の多様性を系統発生、適応という進化の枠組みにおいて理解する。概念学習についても研究対象となる概念について動物種によるさまざまな類似点、相違点が明らかになっている。

概念学習には次のようなものがある。事例間の物理的に共通した刺激次元に基づく**カテゴリ**（category）を学習するものを**自然概念**（natural concept）という。「大きさ」という刺激次元に基づく大小関係や、見本と同じ（あるいは異なる）ものを選ぶという同異関係など、各事例の関係に基づくカテゴリを学習するものを関係概念という。

[1] 本書3-2「オペラント条件づけ」参照

さらに、任意の事例間に成立する機能的な交換可能性を学習する機能的概念がある。

■自然概念の形成

ハーンスタイン（Richard J. Herrnstein）とラヴランド（Donald H. Loveland）はハトにカラー写真を1枚ずつ提示し、それらの写真を弁別する訓練を行った。[2] 自然風景を撮影した多数の写真のおよそ半数には人物が写りこんでおり、残りの写真には人物が写りこんでいなかった。写真の人物は一人だけの場合もあれば、集団の場合もあった。また、人物の一部が物陰に隠れていたり、写真の端に写っていたり、遠目で小さく写っていたりして、単純な手がかりをもとにヒトを弁別できないようになっていた。人物が写っている写真（正刺激）へのつつき反応を強化し、人物が写っていない写真（負刺激）への反応を消去すると、訓練開始後10日程度で正刺激よりも負刺激へのつつき反応数が少なくなり、弁別が学習された。白黒写真を用いたテストでも、弁別が維持されたことから、ハトは色ではない手がかりを用いて「人物」の有無を弁別しており、「人物」カテゴリを学習したと考えられた。

その後、同様の手続きを用いて、さまざまな動物において実験者が想定するさまざまな自然概念についてカテゴリ学習が成立することが明らかになった。しかし、動物は、必ずしも実験者が想定する自然概念を手がかりとしてカテゴリ学習するわけではない。例えば、フサオマキザルが人物の有無を弁別するとき、動物や花に赤い点が含

[2] Herrnstein, R. J., & Loveland, D. H. 1964 Complex visual concept in the pigeon. *Science, 146*, 549–550.

まれた写真を人物が含まれたと誤答することが多いことから、動植物と赤い点の組み合わせを弁別刺激として用いていることが示唆された。また、ハトは、同一背景を用いて人物の有無を弁別するとき、カテゴリ学習が困難になることから、人物の有無以外の何かが手がかりになっているようである。

動物の自然概念にかんするカテゴリ学習の手がかりを特定した研究はほとんどないが、ハトに哺乳類と鳥類のイラストの弁別を訓練した実験で手がかりを特定したものがある。[3] さまざまな画像を用いたテストを実施した結果、背景ではなく、図に手がかりが含まれること、さらに図に含まれる頭や胴体の特徴、足の本数などではなく、胴体の向き（横向きか斜めか）が手がかりとなることが特定された。この実験で示されたように、自然概念の弁別において、刺激に含まれる特徴のうち、何が手がかりとなるかは動物種や経験によって異なる可能性がある。必ずしも実験者が想定した自然概念をもとにカテゴリ学習が行われるわけではない。

■関係概念

動物は事例間の関係性に基づき弁別を学習することもできる。カミング（William W. Cumming）らは、見本合わせ手続き（図1）において、刺激と刺激の同異関係が手がかりとなりうるか検討した。[4] 3つの反応キーのついた装置を用いてハトを訓練し、中央のキーに提示された見本色と同じ色の比較色を左右のキーから選択させた。

［3］Cook, R. G., Wright, A. A., & Drachman, E. E. 2013 Categorization of birds, mammals, and chimeras by pigeons. *Behavioural Processes*, 93, 98–110.

［4］Cumming, W. W., & Rerryman, R. 1961 Some data on matching behavior in the pigeon. *Journal of the Experimental Analysis of Behavior*, 4(3), 281–284.

ハトは見本色と同じ比較色を選択することを学習するが、新奇色を用いたテストではでたらめに選択した。この結果から、ハトは「見本色と同じ比較色を選ぶ」という見本合わせ方略ではなく、「赤・赤・緑」「緑・赤・赤」「緑・緑・赤」のように刺激配置と左右の反応位置を丸暗記する方略をとっているに過ぎないと考えられた。動物にとっては、事例間の同異関係は顕著性の高い手がかりではないようだが、見本刺激の観察時間を長くしたり、訓練に使用する刺激の種類を大幅に増やしたりすると、見本合わせ方略をとるようになる、つまり同異関係を手がかりとした学習が成立する。

また、同異関係は、同時に提示される複数の刺激がすべて同じものか、一つでも異なるものが含まれているかを弁別する同異弁別課題でも検討される。ハトは刺激がすべて同じか、そうでないかを二肢選択で弁別することを学習すると、「同じ」という選択の割合は刺激数によらず一定だが、「異なる」という選択の割合は刺激数の減少に伴い小さくなる。ワッサーマン（Edward A. Wasserman）らは、この同異関係概念を、総体としてのエントロピー（乱雑さ）に基づく差異を検出するモデルによって説明できると考えている。[5]

■移調

動物は事例間の同異関係だけではなく、刺激と刺激の相対的な強度を手がかりとして反応することを学習する。このように、「より大きい」あるいは「より長い」と

[5] Wasserman, E. A., Young, M. E., & Castro, L. 2021 Mechanisms of same-different conceptualization: Entropy happens! *Current Opinion in Behavioral Sciences*, 37, 19–28.

図1　見本合わせ手続きの例

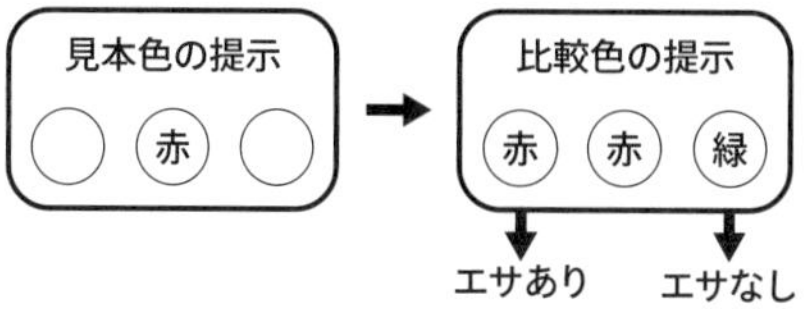

いった刺激間の相対的関係に基づく関係概念を**移調**（transposition）という。例えば、大きさの異なる2つの図形（S3とS4）のうち、より大きい図形（S3）を選択するように訓練した後、図形（S3）とそれより大きい図形（S2）を提示すると、図形（S2）を選択する。つまり、動物は刺激の絶対的な大きさではなく、相対的な大小関係を手がかりとして反応する。このように、濃淡や大きさなど同一の刺激次元上にある2つの刺激間の相対的関係が弁別手がかりとなることが示唆されている。

これに対して、スペンス（Kenneth W. Spence）は移調を訓練刺激に関する強化履歴によるものであると説明した。訓練刺激のうち、選択することで強化されたものは、その刺激を頂点とした興奮の般化勾配が形成される。一方、訓練刺激のうち、選択することで消去されたものは、その刺激を頂点とした制止の般化勾配が形成される。この興奮から制止を減じた反応強度は、移調のテスト刺激に対する反応を説明できる。しかし、3つの異なる大きさの図形を用いた関係学習から、強化履歴の影響は無視できないものの、刺激間の相対的な大小関係も手がかりとなることが明らかとなった[5]。

■機能的概念

複数の事例に対して、内包ではなく外延だけで定義されるものを機能的概念という。**刺激等価性**（stimulus equivalence）は任意の刺激間に成立した機能的な交換可能性のことである（図2）。シドマン（Murray Sidman）らは、象徴見本合わせ課題によ

[5] Lazareva, O. F. 2012 Rerlational learning in a context of transposition: a review. *Journal of the Experimental Analysis of Behavior*, 97(2), 231–248.

る刺激等価性の定式化を試み、以下の３つの刺激間関係の形成で示されると考えた。[6] 反射性は、刺激それ自身に対する関係を指し、見本刺激Aに対して比較刺激Aを選ぶという同一見本合わせができることである。対称性は、「AならばB」を訓練すると、「BならばA」が派生的に成立することである。推移性は、「AならばB」「BならばC」を訓練すると、「AならばC」が派生的に成立することである。この３つをすべて備えた刺激間関係の形成は、ヒトでは成立する一方、ヒト以外の動物ではカリフォルニアアシカでのみ確認されている。

　これらの刺激間関係のうち、反射性および推移性を示す動物は少なくない。ところが、動物では対称性の成立が難しいことが知られている。これは、動物における象徴見本合わせでは、見本刺激提示後に比較刺激が提示されるという時間的な順序関係があり、必ずしも見本刺激と比較刺激の関係性が学習されるわけではないからだと考えられる。しかしながら、ヒトでは「BならばA」が派生するものの、多くの実験では「AならばB」を訓練するときにAとBの提示が時間的に重複していることで、結果的に「BならばA」の訓練もしてしまっているという手続き上の瑕疵も指摘されている。[7] 実際、ヒトでも、時間的な重複を避けた手続きを用いた実験では、対称性が成立しにくい。このように、異なる動物種での比較研究では、厳密に同一の手続きで実施することは困難であることが多く、その解釈にも慎重さが求められる。

〔後藤和宏〕

図2　刺激等価性

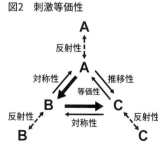

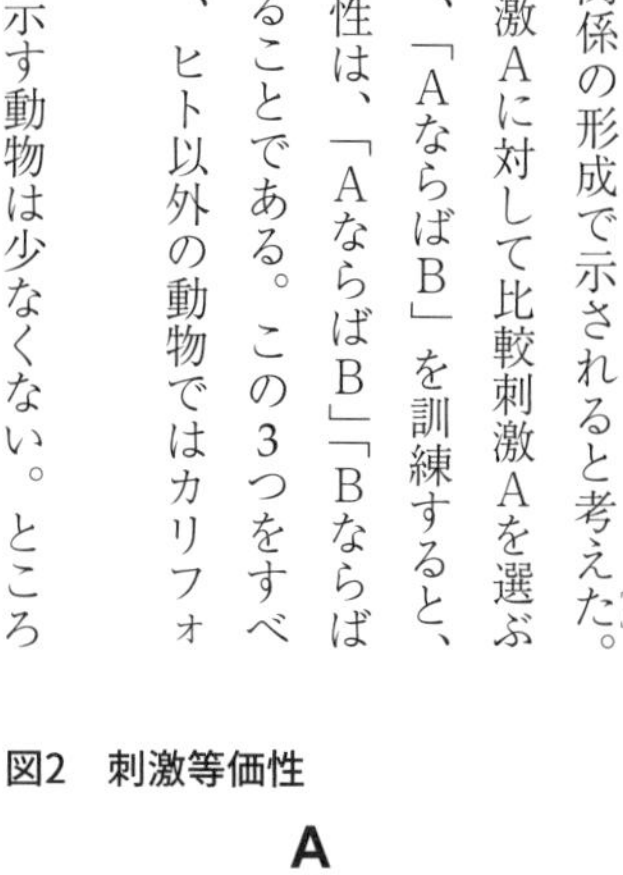

[6] Sidman, M., & Tailby, W. 1982 Conditional discrimination vs. matching to sample: An expansion of the testing paradigm. *Journal of the Experimental Analysis of Behavior*, 37(1), 5–22.

[7] Chartier, T. F., & Fagot, J. 2022 Associative symmetry: A divide between humans and nonhumans? *Trends in Cognitive Sciences*, 26(4), 286–289.

2-4 潜在学習

気づかないうちにも進行する学習

■潜在学習とは

経験の蓄積による比較的永続性のある行動の変化を学習という。一般に学習は漸進的に進行するものであり、学習の生起は反応時間の短縮や正答の増大（あるいは誤答の減少）といった行動指標に基づいて評価される。しかし、学習には行動の変化が直接には現れない状況においても成立するもの（latent learning）や、学習意図や学習内容に対する気づきを伴わずに偶発的に成立するもの（implicit learning）があり、いずれも潜在学習と呼ばれる。ここでは、両者を区別するために、前者（latent learning）を**潜在学習**、後者（implicit learning）を**暗黙的学習**[1]とする。

潜在学習研究の起点とされるのはトールマン（Edward C. Tolman）とホンジック（Charles H. Honzik）によるラットを被験体とした迷路探索の学習実験である。[2]彼らは14個のT型ユニットを組み合わせた迷路の出発点にラットを置き、目標点までの探索行動を観察した。各ラットは1日1回の迷路学習を17日間行った。ラットは3つの群に分けられ、第1群は目標点に到達すると毎回エサ（報酬）が与えられる群、第2

[1] 村越真・松井孝雄 1995「潜在学習」『認知科学』2, 12–23.

[2] Tolman, E. C., & Honzik, C. H. 1930 Introduction and removal of reward, and maze performance in rats. *University of California Publications in Psychology*, 4, 257–275.

群は目標点に到達しても報酬は与えられない群、そして第3群は10日目までは目標点に到達しても報酬は与えられないが、11日目以降は報酬が与えられる群であった。まず、第1群のラットは第2群のラットに比べて日ごとにエラー回数（袋小路に入り込んだ回数）は減少した。これに対して、第3群のラットは11日目までは第2群のラットとエラー回数に違いはなかったが、報酬を与える手続きに切り替えた翌日からのエラー回数は劇的に減少し、第1群と同じかむしろ少ない程度にまで至った。これらの結果は、第3群のラットが報酬を与えられない期間においても迷路の探索を繰り返す中で、エラー回数の変化としては現れないものの、迷路の構造を潜在的に学習していたことを示唆するものであるが、ここで重要なことは、報酬は潜在的に生じていた学習の発現の誘発因子に過ぎないということである。

トールマンはラットの迷路の探索行動を**認知地図**（cognitive map）という概念を用いて説明した[3]。認知地図とは、環境（行動空間）の構造やレイアウトに関する心的表象のことである。ラットは迷路の探索行動を通じて迷路内の認知地図を形成しており、目標点に到達すると報酬が与えられる状況に切り替わることで、報酬を得るという目標志向的な行動が誘発され、潜在的に学習された認知地図に従って効率的に目標点へ到達できるようになったと説明される。

[3] Tolman, E. C. 1948 Cognitive maps in rats and men. *Psychological Review, 55*, 189–208.

■認知的学習理論

伝統的な連合理論では、学習は環境（刺激）と行動（反応）の結びつきの強さによって説明され、古典的条件づけ[4]における無条件刺激と条件刺激の対提示や、オペラント条件づけにおける自発的な学習反応に対する報酬のような強化手続きは学習の成立に不可欠とされてきた。しかし、認知的学習理論では、学習は行動空間を構成する要素（刺激）間の関係性、環境全体の捉え方の変化によって説明される。トールマンらの潜在学習研究のインパクトは、迷路探索をするラットが報酬に関係なく認知地図を形成していたように、学習の成立そのものに強化は必ずしも必要ないことを示した点にある。

トールマンらの潜在学習研究に先立って、ケーラー[5]（Wolfgang Köhler）が報告した**洞察**（insight）も認知的学習に含まれる。洞察とは、問題解決場面において、問題場面の構造的な特質の認識に変化が生じることにより、問題解決への見通しを立てることをいう。ケーラーが行ったチンパンジーの問題解決場面における行動観察によると、例えば、手の届かない高さにつるされたエサを取るために、チンパンジーは、はじめのうちは試行錯誤的な行動を取るものの、すぐに何もせずに場面を集中的に観察し、その静止期間の後に箱を積み上げてそれを踏み台として利用することでエサを取ることができた。この一連の問題解決行動は、試行錯誤的行動の蓄積から導かれるものではない。試行錯誤による問題解決では、偶然の行動とその結果によって行動が

[4] 本書3-1「古典的条件づけ」参照

[5] Köhler, W. 1917 *Intelligenzprüfungen an Menchenaffen.*（ケーラー／宮孝一（訳）1962『類人猿の知恵試験』岩波書店）

強化される効果の法則に従って、問題は漸進的に解決されるようになる。それに対して、洞察の場合はそれが生じることで突然に問題は解決される。ケーラーは、目的（手の届かない位置につるされたエサを取ること）のために場面の構成要素の一つである箱を道具として使用するというように、場面全体の認識を変化させる問題の再構造化が洞察において重要であるとした。また、問題の再構造化には過去の経験が不可欠とされる。実際、チンパンジーの問題解決において、過去に適切な経験（箱を動かしたり、持ち上げたりすること）がない場合には、洞察による問題解決はできなかった[6]。このことから、洞察は過去の経験と現在直面している状況とのダイナミックな相互作用の結果として解釈されるものであり、潜在学習を洞察の基礎と位置づけるような潜在学習との密接な関係性を想定することができるだろう。

■暗黙的学習と潜在学習

暗黙的学習では、学習の無意図性が強調され、何を学習したのかを言語化できないことが特徴として挙げられる。暗黙的学習の研究は潜在学習よりも数十年遅れて始まったが、人工文法学習[7]や系列反応学習[8]を中心に多くの研究がなされ、学習意図を伴わずとも、注意が向けられた事例に含まれる規則性や関係性に関する知識は反復経験を通じて暗黙的に学習されることが明らかにされてきた。また、学習された知識が注意制御のような非常に高次な認知機能に影響することも明らかにされている。チャン

[6] Birch, H. G. 1945 The relation of previous experience to insightful problem solving. *Journal of Comparative Psychology*, 38, 367–383.

[7] Reber, A. S. 1976 Implicit learning of synthetic languages: The role of instructional set. *Journal of Experimental Psychology: Human Learning and Memory*, 2, 88–94.

[8] Nissen, M. J., & Bullemer, P. 1987 Attentional requirement of learning: Evidence from performance measures. *Cognitive Psychology*, 19, 1–32.

(Marvin M. Chun) とジャン (Yuming Jiang) は、視覚探索課題[9]をベースにし、探索刺激画面のレイアウトの規則性を実験的に操作した。同一の探索画面のレイアウトを反復提示する固定条件とレイアウトをランダムに変化させるランダム条件において標的の探索時間を比較すると、レイアウトの反復回数に伴って固定条件の探索時間はランダム条件に比べて徐々に短縮した。その一方で、実験参加者は固定条件とランダム条件のレイアウトの弁別はできなかった。この現象は、レイアウトの反復経験によって固定レイアウトの規則性が暗黙的に学習され、レイアウトの規則性(文脈)の知識が標的位置へ注意を誘導する手がかりとして用いられたと解釈されるものであり、**文脈手がかり効果**と呼ばれている[10]。

潜在学習と暗黙的学習の関係について、ジャンとレオン (Albert W. Leung) は興味深い知見を報告している。ジャンらは、文脈手がかりの暗黙的学習における注意の役割について検討するために、固定条件とランダム条件のそれぞれにおいて半数の探索刺激を色(例えば、黒と白)によって区別し、一方の色(例えば、黒)の探索刺激に積極的に注意を向けさせて標的を探索させる課題を繰り返した(トレーニングセッション)。その後、トレーニングセッションでは無視をさせた探索刺激の配色を変えて注意を向けさせるという注意の切り替え操作を行った(テストセッション)[11]。トレーニングセッションにおいて文脈手がかり効果が生じたのは、注意を向けたレイアウトが固定されている条件であったことから、文脈の暗黙的学習の成立には注意が不可欠であ

[9] 複数の視覚刺激の中から特定の刺激(標的)を探索させる課題であり、主に標的の探索時間を行動指標とする。一般に、視覚的注意の制御プロセスを明らかにするための課題として用いられる。

[10] Chun, M. M., & Jiang, Y. 1998 Contextual cueing: Implicit learning and memory of visual context guides spatial attention. *Cognitive Psychology, 36*, 28–71.

[11] Jiang, Y., & Leung, A. W. 2005 Implicit learning of ignored visual context. *Psychonomic Bulletin & Review, 12*, 100–106.

るという解釈は妥当であるかもしれない。しかし、テストセッションで無視レイアウトの固定条件を注意レイアウトに切り替えることによって、標的の探索時間の即時的な短縮が確認された。これらのことは、トレーニングセッションでは無視された固定レイアウトの学習が探索時間の短縮としては直接現れなかったものの、学習そのものは進んでおり、テストセッションで注意を向けることが学習効果の誘発因子となったと解釈できる。つまり、文脈の潜在学習は注意に関係なく成立していたということになる。潜在学習では学習の意図性について深くは言及されてこなかったが、学習意図の有無に関係なく学習は成立し、また、暗黙的学習においても行動に直接現れなくとも学習は成立している。このように、暗黙的学習と潜在学習は定義において強調される側面は異なるものの、共通の学習基盤によって生じるものと考えることができるだろう。

〔遠藤信貴〕

2-5 自己調整学習

学びを自ら調整する

■受け身の学びから主体的な学びへ

多数の子どもが一堂に会して教壇に向かって座り、一人の教師が板書をしながら一方向的に講義をし、一時間の授業を終える。このような従来は当たり前であった教室の姿は、現在、急速に形を変えつつある。いまやＩＣＴやインターネットを活用した授業は多くの教科で実践されている。そして今日、対話型ＡＩの革新などによって、知識の習得や学習のあり方自体も根本的な問い直しを迫られている。すなわち、学校教育での学びには、基礎基本の定着はもちろん、現実社会とつながる正解の定まらない問いや多様な答えのある課題にも主体的に取り組む態度が必須である。

自己調整学習の理論と実践は、学習者自身の**主体的な学び**のあり方を心理学的に定義し枠組みを示したものである。現代において重視される、**探究的な学び**や**オーセンティック**（**本質的**）**な学び**の姿をよりよく理解するうえで、特に重要なものとなっている。

自己調整学習の枠組み

理論的背景

自己調整学習研究とは、主に1980年代後半にジマーマン（Barry Zimmerman）らによってはじめられた、学習者の主体的、自律的な学びに関する理論的枠組みとその実践を意味するものである。[1] 人の学びを、単なる知識の習得や理解に焦点を当てるのではなく、**動機づけ**の働きを重視し、学びにおける**認知・メタ認知**過程を理論に組み入れた点に重要な特徴がある。

自己調整学習は、さまざまな理論的背景を有する。すなわち、社会的認知理論、メタ認知理論、情報処理アプローチ、意思決定理論、オペラント理論、現象学的アプローチ、社会構成主義、ヴィゴツキー理論などであり、異なる理論やアプローチから、学習の自己調整過程に関する検討を進めてきた。[2] このような多様な理論的背景を有することが、自己調整学習研究の理論的、実践的な拡がりに寄与している。中でも、ジマーマンらによる**社会的認知理論**（social cognitive theory）に基づく枠組みが、自己調整学習研究の中核をなし、今日まで研究動向をけん引してきた。

自己調整学習の定義——動機づけ・メタ認知・行動

ジマーマンによれば、自己調整学習とは「学習者が、メタ認知、動機づけ、行動において、自分自身の学習過程に能動的に関与していること」を意味する。[1] これは、単に知識の受容や表面的な学習内容の理解にとどまるのではなく、メタ認知を働かせて

[1] Zimmerman, B. J. 1989 A social cognitive view of self-regulated academic learning. *Journal of Educational Psychology, 81*, 329–339.

[2] Zimmerman, B. J., & Schunk, D. H. (Eds.) 2001 *Self-regulated learning and academic achievement: Theoretical perspectives* (pp.289–307). Lawrence Erlbaum Associates Publishers.（ジマーマン、シャンク／塚野州一（監訳）2006『自己調整学習の理論』北大路書房）

より広い視点から学び、課題や学習内容そのものに動機づけをもちながら学んでいく、主体的な学習者の姿であるといえる。

自己調整学習の循環モデル

また、自己調整学習理論では、学習過程を3つの段階から捉えている[3][4]（図1）。第一には**予見**（foresight）段階であり、学習に取り組むに当たって目標を立て、学びの見通しをもつ、といったことがこれにあたる。また、この段階では、課題に向かう際に「自分にはできそうだ」といった**自己効力感**（self-efficacy）をもったり、「面白そう」と興味をもったりする動機づけ側面も重要となる。

第二に、学習の進行中の状態を指す**遂行−コントロール**（performance-control）段階がある。ここでは、学習者が自分自身の学習状態を振り返り、モニターしたりする。そしてそれをもとに「もっと集中して取り組もう」などと自らの思考や認知をコントロールしたり、注意を焦点化するなど、さまざまなメタ認知的な働きが重要な役割を果たす。

最後が**自己省察**（self-reflection）の段階である。この段階では、学習に関する一定の結果について、自分自身の理解や成果を自己評価したり、学習の当初に立てた目標や見通しに照らしてどのくらい習得できたかを比較対照したりする。

自己調整学習においては、各段階別々の機能を検討するというよりも、この3つの段階が循環的に機能することが重要となる。学習を見通し、遂行を進めつつモニタリ

図1　自己調整学習における3段階の過程

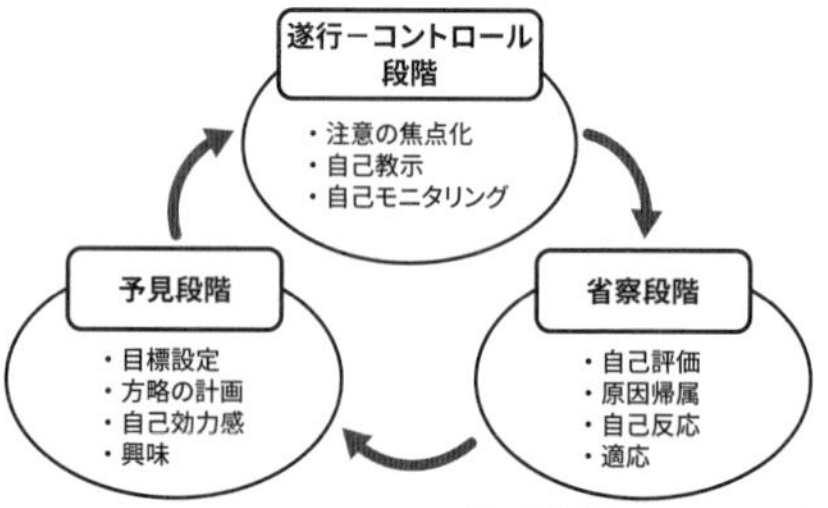

（文献[3]をもとに作成）

[3] Schunk, D. H., & Zimmerman, B. J. (Eds.) 1998 *Self-regulated learning: From teaching to self-reflective practice.* Gilford Press.（シャンク、ジマーマン／塚野州一（編訳）2007『自己調整学習の実践』北大路書房）

[4] Zimmerman, B. J., & Schunk, D. H. 2011 *Handbook of self-regulation of learning and*

ングやコントロールし、そこから得られた結果について振り返って成果と課題を見直すなど、自己調整学習は多層的で動的なプロセスをもつことを理解することが重要である。

■自己調整学習の実践

自己調整学習の実践的研究

このような理論的、概念的な研究枠組みのもと、自己調整学習研究では、これまで幅広い領域での実践研究も蓄積されてきている。学校教育場面では、教科教育として数学や理科、読解や作文などのリテラシーに関する研究は数多い。また、特別支援教育での障害をもつ子どもの読み書きや、言語教育における第二言語習得、スポーツ領域では運動技能やスポーツ競技に関する研究、加えてメンタリングや医師や看護師などの職能養成に関する研究も見られる。[3][5]

自己調整促進プログラム

中でも近年、中学生・高校生を対象に、日常の学校場面における試験や課題において、学習への動機づけや自己調整を支援するプログラムとして、**自己調整促進プログラム**（the self-regulation empowerment program: SREP）への注目が集まっている。[6][7] プログラムは、対象となる教科や課題の内容やコースと結びついており、それによって、**オーセンティック（本質的）な学習**における挑戦や困難に出会いつつ、自己調整学習

performance. Routledge.（ジマーマン、シャンク／塚野州一・伊藤崇達（監訳）2014『自己調整学習ハンドブック』北大路書房）

[5] 中谷素之・岡田涼・犬塚美輪 2021『子どもと大人の主体的・自律的な学びを支える実践：教師・指導者のための自己調整学習』福村出版

[6] Cleary, T. J. 2020 Core components and empirical foundation of the Self-Regulation Empowerment Program (SREP) in school-based contexts. In L. Reschly et al. (Eds), *Student engagement* (pp.281–292). Springer Nature.

[7] Cleary, T. J., & Zimmerman, B. J. 2004 Self-regulation empowerment program. *Psychology in the Schools*, 41, 537–550. / Deci, E., & Ryan, R. (Eds.) 2002 *Handbook of self-determination research*. University of Rochester Press.

のスキルを発達させ実践する機会となる。

　このプログラムでは、学習におけるモニタリングやモデリングを促し、フィードバックを支援することによって、自己調整過程と動機づけへの介入を行うもので、主に低学力など学習のリスクのある生徒への学習過程と動機づけの介入を試みるものである。[6][7][8]具体的にSREPは、訓練を受けたコーチによって少人数の生徒に対する半構造的な指導プロトコルによって実践される。表1の通り、第一の基礎モジュールでは、SREPの全体構造や、プログラムで用いるモニタリングフォームとワークシート、課題分析や方略プランニング、目標設定といった、予見段階の過程について学ぶ。第二の方略と実践（表中RAAPSの指導）では、代数I、生物といった対象のコースの中で、コーチは振り返り、分析、実践、計画、自己方向づけといった毎週の指導フォーマットを実施することによって、生徒の自己調整学習方略の使用を促す。そして第三の自己省察モジュールでは、生徒はテスト成績などの結果のフィードバックを受けた後、コーチによる自己評価や帰属、感情などの質問を通して、自らの学習と結果の過程がガイドされ、組織化される。

表1　自己調整促進プログラム（SREP）のコアとなる指導コンポーネントの主な特徴

指導内容	目　的	指示のタイミング	重要な指導の特徴
I．基礎モジュール	• ラポールの形成 • 核となる概念と予見段階の過程（課題分析、目標設定、プランニング）に関する知識を強化する • モニタリングワークシートを用いて、生徒の知識とスキルを強化する	プログラム最初の4–5セッションで実施	• 構造化されたモジュールの使用 • ラポート形成のための活動 • 原因帰属の活動 • 予見段階を描写するケースシナリオの使用 • モニタリングワークシートを用いるための最初のモジュールとガイドされた実践
II．RAAPS（Review, Analysis, Practice, Plan, Self-direction）の指導	• 生徒を週単位の循環的なフィードバック・ループに没頭させる • 生徒に学習と自己調整学習方略使用の知識とスキルを促す • 生徒自身の強みと弱み、そして学習での成功の質への気づきを促す	毎週継続的に実施	• 指導フォーマット（レビュー／分析／実践／プランニング／自己方向づけ） • 方略の説明とモデリング • フィードバック、プロンプト、協働的交流を含む、ガイドされた実践の機会
III．自己省察モジュール	• 生徒を構造化された省察活動に取り組ませる • 生徒に前回の成績と自身の目標の点から自己評価を促す • 生徒に機能的で前向きな帰属と適応的な推論を行うよう促す	パフォーマンスの成果（例テスト成績）に続いて実施	• 独立した自己省察 • グラフ化手続き • プログラムグループ内での省察的対話

（文献[6]をもとに作成）

このような自己調整促進プログラムによって、生徒の学習における方略的、自己調整的な思考や、2年にわたる達成テストでの向上傾向をもたらすなどの効果が実証されている。[9]

■自己調整学習研究のこれから

指示されたことを学ぶのではなく、自ら主体的に学ぶには、学校はもちろん、社会に出た後のキャリア、企業や組織においても強く求められる。先の見えない今日の社会情勢の中、自ら課題を見いだし、自分に合った方法で学びを進め、深めていく自己調整学習の理論と実践はさらなる価値をもつだろう。

近年の自己調整学習研究では、学びの自己調整を、「自己」というレベルだけではなく、ペアでの学びにおいて、相手の意見や考えとの相互作用を通じて学びを調整する「**共調整**（co-regulation of learning）」や、さらには、グループ全体で、各メンバーがそれぞれの役割や視点に立って学びを調整していく「**社会的に共有された調整**（socially shared-regulation of learning）」といった、自己調整から社会的調整へと拡張する動向が見られる。現実の学校や社会での学びでは、学習者個人が単独で学ぶだけではなく、他者や集団で学びを拡げ、深めることが当然であり、このような実際の学びを説明する自己調整学習研究の展開は、その理論と実践の両面での貢献において、今後さらに期待されるところである。

〔中谷素之〕

［8］Cleary, T. J., Velardi, B., & Schnaidman, B. 2017 Effects of the Self-Regulation Empowerment Program (SREP) on middle school students' strategic skills, self-efficacy, and mathematics achievement. *Journal of School Psychology, 64*, 28–42.

［9］Hadwin, A. F. et al. 2018 Self-regulation, co-regulation, and shared regulation in collaborative learning environments. In D. H. Schunk & J. A. Greene (Eds.), *Handbook of self-regulation of learning and performance* (2nd ed.) (pp.83–106). Routledge.

3章　「個人×顕在」
―― 行動の変容 doing

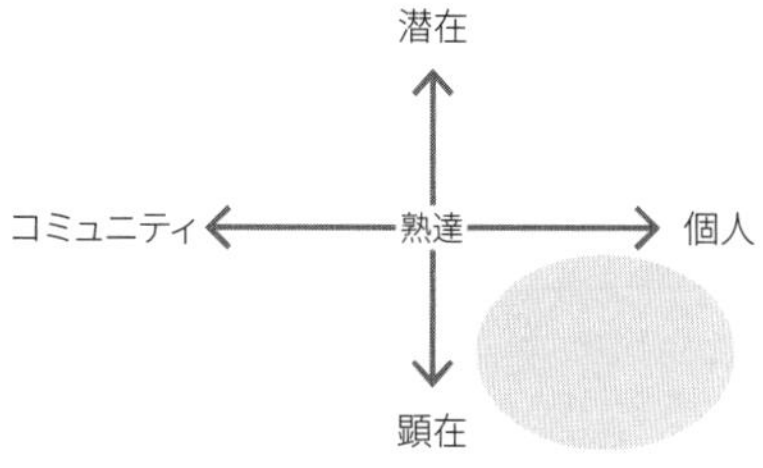

3-1 古典的条件づけ

■古典的条件づけとは

手続きと現象

古典的条件づけ（classical conditioning）は、生得的に特定の反応（**無条件反応** unconditioned response: UR）を引き起こす刺激（**無条件刺激** unconditioned stimulus: US）と、そのような反応を引き起こさない刺激（**条件刺激** conditioned stimulus: CS）を**対提示**（pairing）することにより、条件刺激に対して**条件反応**（conditioned response: CR）が形成される現象である。レスポンデント（respondent）条件づけ、パブロフ型（Pavlovian）条件づけとも呼ばれる。古典的条件づけは、生活体が経験する出来事（刺激）の関係性に基づき刺激に対する行動変容が生じる現象であると捉えられる。

一般的な古典的条件づけ研究では、瞬間的に痛みを生じさせる電撃や、空腹の動物に対するエサなど、生物にとって重要性が高く、強い反応を安定して生じさせる刺激が無条件刺激として、適度な強さの音や光など、それ自身がこれといった反応を引き起こさない**中性刺激**（neutral stimulus: NS）が条件刺激として用いられる。条件刺激に対する条件反応を形成するには、対提示の際、条件刺激と無条件刺激を時間的に接近させたうえで、条件刺激を無条件刺激にやや先行させて提示するのが望ましい。対提示の際、2つの刺激を同時に提示する、無条件刺激を条件刺激の前に提示するなどした場合には、条件反応の形成は難しくなる。

古典的条件づけでは、条件刺激と無条件刺激の対提示を繰り返すごとに、条件反応はより強固になる。条件刺激に対して形成された条件反応は、無条件刺激なしに条件刺激のみを繰り返し提示すると、徐々に減弱しやがて消失する。条件刺激単独提示により形成された条件反応が減弱・消失することを**消去**（extinction）という。消去により消失した条件反応は、時間経過など、さまざまな要因により再出現する。[1]

さまざまな古典的条件づけ

古典的条件づけ研究はパブロフ（Ivan P. Pavlov）による**条件反射**（conditioned reflex）研究[2]に端を発する。彼はイヌを対象に、メトロノームなどの中性刺激と、エサなど唾液分泌を引き起こす刺激を繰り返し対提示することで中性刺激に対する唾液反射が生じることを示した。以後、唾液反射以外にも、瞬き反射、屈曲反射などの反射に関する研究が行われたが、現在では、反射以外の反応も広く扱われるため、条件反射ではなく古典的条件づけという言葉が用いられる。

古典的条件づけはほとんどの生物において、多種多様な刺激や反応に生じる非常に普遍的な現象である。反射、情動反応、食べ物の趣向、性的行動、薬物耐性の獲得、

[1] 消去された条件反応が時間の経過により回復する現象は、自発的回復（spontaneous recovery）と呼ばれる。

[2] Pavlov, I. P. 1927 *Conditioned reflexes: An investigation of the physiological activity of the cerebral cortex* (G. V. Anrep, Trans.). Oxford University Press.

免疫系の増強・減弱などに古典的条件づけが関与している。古典的条件づけに関する実験研究でも、さまざまな実験パラダイムが考案され用いられている。代表的なものとして、ヒトを含むさまざまな動物を対象に、視聴覚刺激を条件刺激、電撃や大きな音など嫌悪（aversive）刺激を無条件刺激として用いる恐怖（fear）条件づけ、主に視聴覚刺激を条件刺激、エサなどの欲求（appetitive）刺激を無条件刺激として用いる欲求条件づけ、味覚・嗅覚刺激を条件刺激、気分不快を引き起こす薬物などを無条件刺激として用いる味覚嫌悪（taste aversion）条件づけなどがある。

高次条件づけ

通常の古典的条件づけでは、生物にとって重要な、生得的に安定した反応を引き起こす刺激が無条件刺激として用いられる。しかし、無条件刺激の代わりに、古典的条件づけの結果条件反応を引き起こすようになった条件刺激を用いて、別の条件刺激に対する条件反応を形成することができる。例えば、ラットを対象に、音刺激と電撃を繰り返し対提示し音刺激に対する恐怖反応を形成する。その後、光刺激と音刺激を（電撃なしに）対提示すると、光刺激に対しても条件反応が形成される。このように、すでに形成された古典的条件づけに基づき、新たな古典的条件づけが（無条件刺激の提示なしに）形成される現象は、**高次条件づけ**（higher-order conditioning）と呼ばれる。先の例では、音刺激と電撃の対提示により生じる条件づけは一次条件づけ、光刺激と音刺激の対提示により生じる条件づけは二次条件づけと呼ばれる。

生活体を取り巻く環境にはさまざまな刺激が存在するが、それらの中で、生得的に無条件刺激として機能するような刺激は限られている。よって、もし一次条件づけしか存在しなければ、古典的条件づけが生じる機会は限られ、それが生活体の行動に与える影響も相当限定されることになる。しかし実際には、古典的条件づけは高次条件づけを通じて、私たち生活体の行動に非常に広範な影響を与えているのである。

■古典的条件づけの性質――条件刺激と無条件刺激の性質が及ぼす影響

古典的条件づけは、用いられる2つの刺激の強度、特に無条件刺激の強度に影響される。より強度の高い条件刺激・無条件刺激を用いることで、条件反応の形成は早く、最終的に形成される条件反応も強く大きくなる。

強度だけでなく、条件刺激と無条件刺激の新奇性（目新しさ）も、古典的条件づけに影響する。例えば、条件刺激と無条件刺激の対提示の前に、条件刺激のみを繰り返し経験させ新奇性を低下させると、条件反応の形成は遅滞することが知られている。[3] 無条件刺激についても同様に、条件刺激と無条件刺激の対提示に先行して、無条件刺激のみを繰り返し経験することで、条件刺激に対する条件反応は減弱する。[4]

古典的条件づけは、条件刺激・無条件刺激の相性によっても影響を受ける。生物種ごとに、古典的条件づけが生じやすい、あるいは生じにくい条件刺激と無条件刺激の組み合わせが存在するのである。例えばラットでは、味覚刺激を条件刺激、気分不快

[3] 条件刺激（CS）単独の先行提示により、後の古典的条件づけ形成が遅滞する現象は、潜在制止（latent inhibition）またはCS先行提示効果（CS preexposure effect）と呼ばれる。

[4] 無条件刺激（US）単独の先行提示により、後の古典的条件づけが減弱する現象は、US先行提示効果（US preexposure effect）と呼ばれる。

処置を無条件刺激として用いた場合、条件刺激に対する強い忌避反応が条件反応として生じる。しかし、同じ条件刺激に対し、電撃を無条件刺激として用いた場合、忌避条件反応はほとんど生じない。条件刺激と無条件刺激の組み合わせにより決定される古典的条件づけの生じやすさの程度は準備性（preparedness）と呼ばれる。

■古典的条件づけのもつ適応的意味

パブロフは、条件反射の機序として、条件刺激と無条件刺激それぞれに対応する大脳皮質上の部位の間に形成される結合を仮定した。条件刺激と無条件刺激が接近して経験されることで、このような結合が形成され、その結果、条件刺激を経験すると、条件刺激だけでなく無条件刺激に対応する部位にもその影響が波及するようになり、条件刺激に対し条件反応が生じると考えたのである。[5] これは、古典的条件づけを、機械的に生じる単純な現象として位置づけるものであり、条件刺激と無条件刺激が近接して経験されれば古典的条件づけが生じ、条件刺激に対して、無条件反応と同質の条件反応が生じることになる。しかし、その後、これらの予測に反する事実が数多く報告され、古典的条件づけははるかに複雑で巧妙な現象であることが明らかにされた。

条件刺激と無条件刺激が接近して対提示されても古典的条件づけが生じるとは限らない。前述の通り、条件刺激が無条件刺激に時間的に先行する形で対提示される必要がある。また、レスコーラ（Robert A. Rescorla）は、条件刺激と無条件刺激が対提

［5］古典的条件づけの結果、条件刺激が無条件刺激の代わりとなるというこの考えは、刺激置換理論（stimulus substitution theory）と呼ばれる。

示されても、条件刺激提示時の無条件刺激提示確率が、条件刺激不在時の無条件刺激提示確率を上回らない限り、古典的条件づけは生じないことを示した[6]。これらの知見は、条件刺激により無条件刺激の到来に関する**情報**が得られる（条件刺激の存在が無条件刺激の到来を知らせる）場合にのみ古典的条件づけが生じることを示している。

また、古典的条件づけの結果条件刺激に対し生じる条件反応は、概して、無条件反応と全く同じ反応とはならない。形成される条件反応は、用いる条件刺激と無条件刺激の組み合わせにより、無条件反応と類似しているが強度や潜時などの側面において異なる、無条件反応の一部のみしか生じない、無条件反応とは正反対などさまざまである。条件反応と無条件反応の関係には単純な規則性は見られず、この複雑な関係に関しては未だ一致した見解は得られていない。しかし、少なくとも、古典的条件づけの結果形成される条件反応は、それが生じることで、欲求刺激への対処を円滑にする、危険を遠ざけ脅威から身を守る助けとなるなど、一見して自然界で役に立つものがほとんどである。

これらの知見は、古典的条件づけは、生活体が経験を通じ、環境に存在するさまざまな刺激間の関係に関する情報を得て、それをもとに予測される環境の変化を先取りし、適応的な反応を行うことを可能にする行動システムであることを示唆している[7]。

〔漆原宏次〕

[6] Rescorla, R. A. 1968 Probability of shock in the presence and absence of CS in fear conditioning. *Journal of Comparative and Physiological Psychology*, *66*, 1-5.

[7] 古典的条件づけについては、その名とは裏腹に、現在でもその性質や現象についての研究が活発に行われ、それらの知見に基づきさまざまな理論が提唱されている。詳細については、次の書籍などを参考にされたい。今田寛（監修）・中島定彦（編）2003『学習心理学における古典的条件づけの理論：パヴロフから連合学習研究の最先端まで』培風館

3-2

オペラント条件づけ

行動の結果が学習をもたらす

■オペラント行動とは

私たち人間やその他の動物を含めたさまざまな生物は、置かれている環境の中で多様な振る舞いを見せる。この中には、歩くことや会話することのように他者が見たり聞いたりすることができるものもあれば、考えることのように私秘的で、その行動を行っている主体にしか知り得ないものも含まれる。スキナー（Burrhus F. Skinner）により創始された行動分析学では、このような生物が行うことすべてを行動とみなす[1]。これらの行動の変容、すなわち学習は環境との相互作用により生じる。さらに行動は、その行動の原因である環境要因（刺激）により、**レスポンデント行動**（respondent behavior）と**オペラント行動**（operant behavior）の2種類に分類される。レスポンデント行動は、行動に先行する刺激により誘発される行動であり、オペラント行動は、行動に後続する刺激変化により、将来の生起頻度が変化する自発的な行動である。条件づけとは学習をもたらす手続きのことであり、レスポンデント行動の学習をもたらす手続きを**レスポンデント条件づけ**（respondent conditioning）、オペラン

［1］ただし行動分析学においても「行動」の定義についてはさまざまな議論がある。行動分析学を含め心理学全体における「行動」の定義に関する議論については以下を参照のこと。松井大 2023「行動とは何か：基礎概念をめぐる研究者間の不一致について」『動物心理学研究』73, 1-14.

ト行動の学習をもたらす手続きを**オペラント条件づけ**（operant conditioning）と呼ぶ。[2]

■行動と結果との関係

オペラント行動は、その行動の直後の刺激変化により変容する。例えば、親の手伝いをして小遣いがもらえれば、手伝いをより頻繁にするようになるだろう。また、淹れたてのコーヒーをすぐに口に入れて火傷をすれば、次からはすぐに飲むようなことはしなくなるだろう。このように行動変容という観点から見た、行動と結果との関係のことを**行動随伴性**（behavioral contingency）と呼ぶ。行動の増加をもたらす随伴性を**強化**（reinforcement）、減少をもたらす随伴性を**弱化**（punishment）と呼ぶ。[3] さらにこれらの随伴性は2種類に分類される（表1）。

強化

行動に対して刺激が提示され、その行動の将来の生起頻度が増加あるいは維持された場合、その随伴性を**正の強化**[4]（提示型強化 positive reinforcement）と呼ぶ。子どもの手伝いに対して小遣いをあげることにより、その子が手伝いをする頻度が増加したといった例がこの随伴性に相当する。このとき、行動に対して提示されたお金のような刺激のことを**正の強化子**（提示型強化子）と呼ぶ。

表1　行動随伴性

		行動変容	
		増加	減少
刺激変化	提示	正の強化	正の弱化
	除去	負の強化	負の弱化

[2] レスポンデント条件づけ・オペラント条件づけという分類と同様のものとして、古典的条件づけ・道具的条件づけという分類があるが、これらはそれぞれ異なるアプローチに基づく点に注意されたい。本書は、さまざまな立場から学習に関する現象を広範に紹介することを意図しているため、あえて古典的条件づけとオペラント条件づけという項目立てをしている。澤幸祐 2022『私たちは学習している：行動と環境の統一的理解に向けて』ちとせプレス

[3]「punishment」は「罰」とも訳されるが、日常用語における意味から生じる誤解を回避するため、および強化との対応関係におけるわかりやすさから、本書では「弱化」を採用する。

[4]「positive」および「negative」という語はそれぞれ「正の」および「負の」と訳されてきたが、近年では「提示型」および「除去型」という訳も充てられている。日本行動分析学会 2019『行動分析学事典』丸善出版

ある行動に対して刺激が除去され、その行動の将来の生起頻度が増加あるいは維持されるような随伴性を**負の強化**（除去型強化 negative reinforcement）と呼ぶ。この随伴性の例として、親から怒られているときにその場から逃げ出すというものが挙げられる。すなわち、逃げるという行動の結果として、親からの叱責や怒声が聞こえなくなる（除去される）という随伴性である。この例における叱責や怒声にように、行動の結果として除去された刺激のことを**負の強化子**（除去型強化子）と呼ぶ。

弱化

行動に対して刺激が提示され、その行動の将来の生起頻度の減少をもたらすような随伴性を**正の弱化**（提示型弱化 positive punishment）と呼ぶ。と呼ぶ。手伝いをしたら「余計なことはするな」と怒られたので、もう手伝いはしない、という例は正の弱化である。手伝いに対して提示された叱責や怒声のように、この随伴性において行動に対して提示された刺激のことを**正の弱化子**（提示型弱化子）と呼ぶ。

行動に対して刺激が除去され、その行動の将来の生起頻度が減少した場合、その随伴性は**負の弱化**（除去型弱化 negative punishment）と呼ばれる。スピード違反に対する罰金は、法定速度以上の運転という行動に対して、所持金の徴収（お金という刺激の除去）という結果が随伴しているため、負の弱化の随伴性である。また、行動の結果として除去された刺激のことを**負の弱化子**（除去型弱化子）と呼ぶ。

消去

ある行動に対する強化の随伴性を中止すると、その行動の生起頻度は減少し、ほとんど生起しなくなる。このことを**消去**（extinction）と呼ぶ。例えば、いままで手伝いをするとお金がもらえていたのに、あるときからお金がもらえなくなると、次第に手伝いをする頻度が減少し、やがて全くしなくなるだろう。ただし、消去直後に、より高頻度で高強度の行動が一時的に観察されることがある。このような現象を**消去バースト**（extinction burst）と呼ぶ。消去バーストの例として、テレビなどのリモコンの電池が切れたことに気づかず、そのリモコンの電源ボタンを押しても動かないので、ボタンを連打したり、通常よりも強い力で押し込もうとするという行動が挙げられる。また、消去により全く行動が起きなくなっても、しばらく時間が経過すると再び行動が起こることがある。これを**自発的回復**（spontaneous recovery）と呼ぶ。

■行動に先行する事象

ここまで見てきたように、オペラント条件づけの核は、行動と結果との二項随伴関係である。しかしながら日常場面においては、ある行動が一方の場面ではうまくいくが、他方の場面ではうまくいかないという経験を通して、場面によって振る舞いを変えるということが多々ある。例えば、学校の休み時間中に友達と話していても特に問題はないが、授業中に友達と話していると先生に怒られる。そのような経験をすると、授業中には私語を控えるようになるだろう。このように、場面や状況などの行動に先行する事象が重要な役割をもつことがある。

弁別

飲み物を買おうと思ったときに、「販売中」と表示されている自動販売機にはお金を入れて購入しようとするが、「準備中」と表示されている自動販売機にお金を入れるようなことはしないだろう。これは、前者の場合、お金を入れてボタンを押すと飲み物を購入できるが、後者の場合は飲み物を購入することができないという経験をしているからである。この例の「販売中」の表示のように、それがあるときには行動が強化され、ないときには行動が強化されないということを示すような、行動に先行して提示される刺激のことを**弁別刺激**（discriminative stimulus: S^D）と呼ぶ。そして、弁別刺激のもとではある行動が強化され、弁別刺激がない場合にはその行動が強化されないという経験を通して、弁別刺激のもとでのみその行動が起きるようになることを**弁別**（discrimination）と呼ぶ。

般化

ひとたびある弁別が成立すると、弁別刺激と似たような未知の刺激のもとでも行動が起きやすくなる。これを**般化**（generalization）と呼ぶ。例えば、通学路にある交差点を横断する際に、青信号のとき（弁別刺激）にだけ道路を横断するということを学習した子どもは、通学路以外の初めて通るような交差点でも青信号のときに横断するようになるだろう。また、未知の刺激のもとでの行動の起こりやすさは、その刺激と弁別刺激が類似する程度に依存する。これを**般化勾配**（generalization gradient）と呼ぶ。例えば海外に行った際に、その国の歩行者横断を促す信号が日本の青信号（弁別刺激）と似ていればいるほど、道路を横断するという行動は起きやすいだろう。

■三項随伴性

オペラント条件づけには、行動の結果と弁別刺激が大きく関わっている。そして弁別刺激－行動－結果の三項の関係を**三項随伴性**（three-term contingency）と呼ぶ。三項随伴性はオペラント行動の最も基本的な分析単位である。動物実験で見られる単純な行動からヒトの「言語」や「認知」といった複雑な行動[5]に至るまで、実に多様なオペラント行動をこの三項随伴性にあてはめて分析できる。また、臨床場面や教育場面において問題となっている行動やその行動主体が置かれている環境の観察などを通してその行動の三項随伴性を分析し[6]、その随伴性を操作して介入を行うことにより、行動変容を促すことが可能となる[7]。

〔古野公紀〕

[5] 浅野俊夫・山本淳一・武藤崇・吉岡昌子 2023『新装版 ことばと行動：言語の基礎から臨床まで』金剛出版

[6] このような三項随伴性を特定する試みを機能分析または関数分析（functional analysis）と呼ぶ。

[7] 島宗理 2019『ワードマップ 応用行動分析学：ヒューマンサービスを改善する行動科学』新曜社

3-3 知覚運動学習

運動技能を効率的に獲得するには何をすべきなのか？

■なぜ、知覚運動学習か？

言うまでもなく、「動くこと」は私たちの生活の基幹をなしている。動くといっても、ただ漫然と身体を動かすことではない。筆者の目の前にはいま、コーヒーがなみなみ注がれたマグカップがある。これをひょいと持ち上げて、口に持っていき、一口飲む。一つの単純な動作でさえ、関連する状況を知覚し、それに基づいた目標指向的な行為として遂行される。このような巧みさを伴う能力を**運動技能**（motor skill）と言い、「最大限の確実性と最小限のエネルギーと時間でもって最終結果をもたらす能力であり、すなわち、練習によって改善されていく熟練度」と定義される。[1] コーヒーカップを手に取るような動作だと、この定義は大袈裟に聞こえるかもしれないが、例えばスケート選手の流麗な動きを考えれば、至極、納得のいくことだろう。

運動学習は心理学のテーマなのか、疑問に思う人もいるかもしれないが、知覚運動学習の研究は、心理学の中でも実は歴史が長い。古くは効果の法則の発見者であるソーンダイク（Edward L. Thorndike）が1927年に次のようなシンプルな実験をし

［1］Schmidt, R. A., Lee, T. D., Winstein, C., Wulf, G., & Zelaznik, H. N. 2018 *Motor control and learning: A behavioral emphasis* (6th ed.). Human kinetics.

た。まず、実験参加者に3インチの長さの線を描くように教示する。実験参加者は目測で3インチの線を描こうとするわけだが、描いた線の誤差が8分の1インチ以内のときは正解、そうでなければ不正解であるとフィードバックを受ける。そのようなフィードバックを受けた参加者は、フィードバックを受けなかった実験参加者よりも成績がよかった。その後の研究でも、運動技能がどのような制御因によって獲得されるのかが中心的に調べられてきた。本稿では、その基本的な研究を紹介しよう。

■知覚運動学習の代表的な研究

結果の知識と遂行の知識

結果の知識（knowledge of results: KR）とは、「環境内の目標に対する行為の成功について、学習者にフィードバックされる付加的情報」のことを指す。[1] 先ほど登場したソーンダイクの研究は、まさにKRの効果を示している。ソーンダイクのフィードバックは正解／不正解の二分であったが、その後の追試研究では量的なフィードバックを与えた条件のほうが、成績の向上が見られることも示されている。[2]

KRは常によい成績につながるのだろうか？　実はそれほど単純な話ではない。ワインスタイン（Carolee J. Winstein）とシュミット（Richard A. Schmidt）は、毎回KRを与える群と67パーセントの試行でKRを与える群に実験参加者を分け、運動学習実験を行った。[3] その結果、学習中は毎回KRを与えられた参加者のほうが、成績がよ

[2] 結果の知識、遂行の知識についてより深くは、前掲書［1］のほか、Mazur, J. 2005 *Learning and behavior* (6th ed.). Prentice Hall.（メイザー／磯博行・坂上貴之・川合伸幸（訳）2008『メイザーの学習と行動 第3版』二瓶社）

[3] Winstein, C. J., & Schmidt, R. A. 1990 Reduced frequency of knowledge of results enhances motor skill learning. *Journal of Experimental Psychology: Learning, Memory, and Cognition, 16*, 677–691.

かった。しかし、2日後にどちらの群の実験参加者に対しても全くKRなしのテストを行ったところ、67パーセントの試行でKRを受けた参加者のほうがよいパフォーマンスを見せた。この結果は、毎回KRを受けた参加者は試行のたびに与えられるフィードバックに過度に頼ってしまい、KRのないテストでは成績を落としたのだと考えられる。

遂行の知識（knowledge of performance: KP）とは、「学習者が行った動作パターンについての付加的情報」と定義される。KRが運動の成否に関するフィードバックなのに対し、KPは動作そのものに対してのフィードバックである点で異なる。野球の打者に対し、コーチがバットの構え方、振り方、あるいは腰の動かし方を教授するのが好例だろう。代表的な研究として運動課題中の自身の動作を撮影したビデオと最適な動作のビデオを見比べるというKPにより、成績が向上することが報告されている。このようなタイプのフィードバックは、スポーツの世界ではすでに一般的になっているし、中学・高校の部活動などで経験がある人も多いのではないかと思う。

学習の転移

学習の転移（transfer）とは、「ある課題の練習や経験の結果、別の課題の習熟度が向上、または低下すること」である。[4] スポーツをはじめとした多くの現実場面で、練習は本番と全く同じ状況とは限らない。それでも練習したことが本番でも活かせるとすれば、それは学習が転移しているからにほかならない。そう考えれば、転移の性質

［4］転移についてより詳しくは Schmidt, R. A., & Young, D. E. 1987 Transfer of movement control in motor skill learning. In *Transfer of learning*. Academic Press (pp.47–79). / Magill, R., & Anderson, D. I. 2010 *Motor learning and control*. McGraw-Hill Publishing. / 前掲書［2］

を知ることは応用上も重要な意味をもっているのがわかるだろう。

習熟度を向上させるような転移を**正の転移**（positive transfer）、逆に成績の低下を招いてしまうことを**負の転移**（negative transfer）という[5]。代表的な正の転移の現象としては、片方の腕や脚で学習した運動スキルがもう片方の腕や脚にも転移する両側性転移（bimanual transfer）が挙げられる。両側性転移の研究方法としては、鏡に映った図形をなぞる鏡映模写課題がある。鏡に映った図形は左右が反転しているように見えるため、最初は正確になぞることが難しい。例えば、利き手で繰り返し鏡映描写を行った結果、非利き手の学習が促進されるのが正の転移である。このような転移において学習されているものは何だろうか？　腕で学習されたものを脚で遂行することを求めても、学習の転移が見られることも報告されている。つまり、単なる固定的な動作パターンが獲得されているというよりは、抽象的な運動プログラムが学習されていると考えられている。より現実場面における運動学習では、例えばスケートボードの練習によるスノーボードへの技能の転移など、現実のスポーツ場面でも正の転移は確認されている。

負の転移はどのような場面で生じるのだろうか？　例えばテニスのフォアハンドは手首を固定するが、バドミントンではスナップを利かせるそうだ。そのため、バドミントンのフォアハンドを先に練習するとテニスの習得が遅れると言われている。このような日常に即した例は容易に想像がつくが、負の転移の実験的研究は多くはな

［5］興味のある読者は次の文献に当たるとよい。田中宏和 2017「運動制御と感覚処理の最適理論」『日本ロボット学会誌』35, 500–505. / Ma, W. J., Kording, K. P., & Goldreich, D. 2023 Bayesian models of perception and action: An introduction. MIT press.

い。数少ない例として、ルイス[6]（Don Lewis）らの研究では、ジョイスティックでディスプレイ上に表示される光点を操作し、標的まで動かすという課題が用いられた。彼らの研究では、実験参加者は最初、ジョイスティックの操作と光点が同一方向に動く条件で練習を行った。その後、ジョイスティックの向きと光点が逆に動く関係性を学習させた（例えば右にジョイスティックを倒すと光点が左に動く）。最後に、再びジョイスティックと光点が同じ方向に動く条件に戻すと、最初の学習段階よりも成績が悪化し、負の転移が見られたのである。しかし、この研究には、日常場面では経験しないような課題間での干渉を課す不自然な事態であるという問題点がある。自然な負の転移を検討するには、課題間の類似性を高く設定する必要がある。ただし、そのような実験で見られる負の転移は、通常わずかなものであり、実験室での研究では負の転移が運動学習に大きな影響を及ぼさないことが判明している。一方で、現実場面のより長い時間スケールにおける学習では、負の転移は現にあるように思われる。例えば、第二言語習得における発音の困難さや、車の運転時のアクセルとブレーキの取り違いがある。このような事例を鑑みるに、運動の遂行の文脈が似ているものの、身体の動かし方やタイミングが微妙に異なるとき負の転移が起きやすいのだと考えられている。

■知覚運動学習の計算論

計算論の考え方では、運動制御を特定の目的関数の最適化として捉える。代表的な

[6] Lewis, D., McAllister, D. E., & Adams, J. A. 1951 Facilitation and interference in performance on the modified Mashburn apparatus: I. The effects of varying the amount of original learning. *Journal of Experimental Psychology, 41*, 247–260.

[7] Flash, T., & Hogan, N. 1985 The coordination of arm movements: An experimentally confirmed mathematical model. *Journal of Neuroscience, 5*, 1688–1703.

[8] Todorov, E., & Jordan, M. I. 2002 Optimal feedback control as a theory of motor coordination. *Nature Neuroscience, 5*, 1226–1235.

[9] Körding, K. P., & Wolpert, D. M. 2004 Bayesian integration in sensorimotor learning. *Nature, 427*, 244–247.

[10] 自由エネルギー原理、能動的推論について代表的な文献を挙げておく。乾敏郎 2018「知覚・

ものとしては、運動軌道の滑らかさを最大にする最小躍度モデル[7]、感覚予測誤差に基づき制御信号を逐次修正していく最適フィードバックモデル[8]、過去経験と現行の感覚入力に基づく運動出力をベイズ推論として定式化したベイズ統合モデル[9]などが挙げられる。いずれのモデルも、「脳が計算すべき目的は何なのか」を設定し、その最適化により、運動が遂行されると仮定している。ここでの運動学習とは、最適なモデルを獲得したり、モデル内のパラメータを更新したりすることに相当する。

脳を最適化の装置として見ると、他のさまざまな認知機能にも成り立つ普遍的な法則がないのだろうかということが気になってくる。そのような理論として注目されているのが、**自由エネルギー原理**（free energy principle）である[10]。この枠組みでは、運動制御も含めて行動の意思決定、学習、知覚といった諸々の認知機能が、内的な生成モデル（generative model）に基づいた外界への推論に伴う予測誤差（正確には変分自由エネルギーという量）の最小化によって実現されると仮定する（図1）。この枠組みで運動制御を捉えると、運動は望ましい位置からの誤差低減の過程として捉え直すことができる。自由エネルギー原理が果たして本当に脳と行動の普遍的な「統一理論」足りえるかは、まだまだ証拠が十分とは言い難いが、今後、実験的研究が増えることで検証が進むことが期待される。

〔松井 大〕

認知・運動・感情・意思決定をつなぐ自由エネルギー原理」『日本神経回路学会誌』25, 123–134. / Parr, T., Pezzlo, G., & Friston, K. 2022 *Active inference: The free energy principle in mind, brain, and behavior.* MIT press.（パー、ペッツーロ、フリストン／乾敏郎（訳）2022『能動的推論：心、脳、行動の自由エネルギー原理』ミネルヴァ書房）

図1　自由エネルギー原理の概要

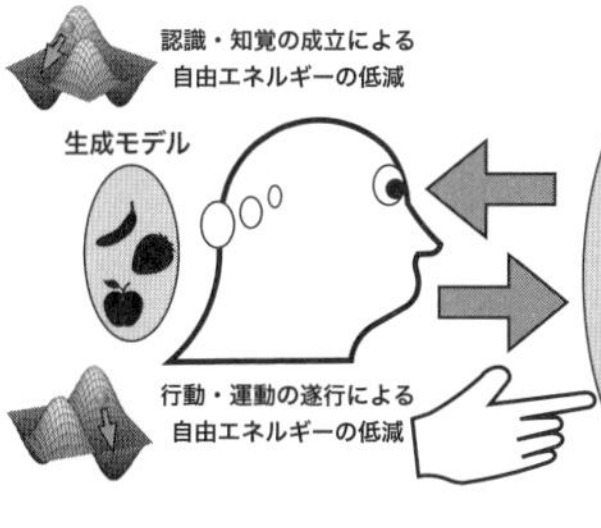

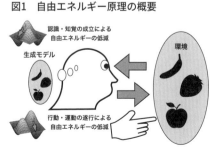

3-4 模倣と観察学習

他者の経験から学ぶということ

■観察

生物がある対象に注意を向け、その行動や振る舞いを捉えることを**観察**と呼ぶ。[1] ヒトを含む生物は自分が体験したことからだけでなく、他個体の観察を通じて新しい行動を獲得し、特定の刺激を選択・回避するようにもなる。つまり、試行錯誤学習のような直接的な経験からだけでなく、観察によっても学習が可能である。学習を後天的で強固な行動様式の変容と捉える行動主義心理学では、学習を**レスポンデント条件づけ**（古典的条件づけ）と**オペラント条件づけ**に分けて考えている。[2] それに倣い、観察による学習をレスポンデント条件づけとオペラント条件づけから解説していく。

観察によるレスポンデント条件づけ学習

ある対象に対して、中性刺激と無条件刺激を時間的・空間的に近接して対提示することで、中性刺激が無条件刺激と同じ反射反応を呼び起こす。これはパブロフ（Ivan P. Pavlov）の古典的条件づけとして広く知られており、刺激間の関係性の学習として捉えられている。[3] それでは、観察によって古典的条件づけは生じるのだろうか。蛇の

[1] 春木豊 1977『人間の行動変容』川島書店

[2] 本書3-2「オペラント条件づけ」参照

[3] 澤幸祐 2021『私たちは学習している：行動と環境の統一的理解に向けて』ちとせプレス

おもちゃに恐怖反応を示すサルの様子を他のサルに観察させた結果、直接的な条件づけ手続きを必要とせずに恐怖反応を示すようになることがわかっている[4]。これを**代理的古典的条件づけ**（vicarious classical conditioning）と呼んでいる。人間においても、家族の多くが共通した恐怖対象をもっていることから、恐怖症などの臨床的問題が観察条件づけによって生じている可能性も示唆されている[5]。

観察によるオペラント条件づけ学習

個体のオペラント行動を観察することで行動を変化させる現象も観察学習の一つである。見本（モデル）で正しい振る舞いを伝えることや、熟練者の行為を見ることで精緻な技術を身につけることなどは、子育てから教育まで広く行われている。このような観察による行動の変化を、行動理論では行動の一致による学習（模倣）などから説明している。他方、「……をすると……が起こる」といった思考を経由して学習が成立すると考える場合、それは社会的学習理論として位置づけられている。観察によるオペラント行動は、模倣と社会的学習（観察学習）に大きく分類することができる。次に模倣および社会的学習からオペラント行動の観察学習を紹介する。

■模倣

模倣とは、観察者がモデルの行動やその表出を観察した結果、提示された行動全体、あるいは部分と類似した行動を表出するようになることである[6]。ヒトだけでなく

[4] Cook, M., & Mineka, S. 1989 Observational conditioning of fear to fear-relevant versus fear-irrelevant stimuli in rhesus monkeys. *Journal of Abnormal Psychology, 98*, 448–459.

[5] Rachman, S. 1991 Neo-conditioning and the classical theory of fear acquisition. *Clinical Psychology Review, 11*, 155–173.

[6] 春木豊・都築忠義 1970「模倣学習に関する研究」『心理学研究』*41*, 90–106.

類人猿、ラット、ネコ、イヌ、鳥類や魚類に至るまで多くの対象で模倣の成立が認められている。[7] また模倣には直前に提示されたモデルと行動が一致するような直接模倣だけでなく、サッカーのシュートフォームをモデルから学び試合中に発揮するような遅延模倣もあり、生物の環境適応や行動変容を考える上でも重要な現象である。また、模倣が成立するためには直接的な強化手続きが必要であり、模倣は自然に起こる現象ではなく、モデルと同一の行動を示した際の強化随伴性で成立・維持されるオペラント反応として理解されている。[8]

模倣による学習

模倣とは、モデルと類似した行動を表出することであった。しかし、通学路を保護者と歩くことで、保護者がいない状況でも学校までたどり着けるようになるような、獲得した行動がモデルと類似しない模倣学習も存在するだろう。モデルの行動自体ではなく、モデルが手がかりにしている刺激関係を学習することを「**模倣による学習**」という。[9] ウィルソン（William C. Wilson）らは、箱の模様を手がかりにして強化子を得ているモデルを観察した子どもは、観察なしの試行錯誤学習よりも効率的に正解を学習したことを報告している。[10] 模倣による学習が成立するため、生物は直前のモデルが不在の状況でも能率的に学習することができるのである。

模倣することの学習（般化模倣）

模倣行動は、模倣することでよいこと（強化）が起こるため生じていると考えられ

[7] Robert, M. 1990 Observational learning in fish, birds, and mammals: A classified bibliography spanning over 100 years of research. *The Psychological Record, 40*, 289–311.

[8] Miller, N. E., & Dollard, J. 1941 *Social learning and imitation.* Yale University Press.

[9] Church, R. M. 1957 Transmission of learned behavior between rats. *The Journal of Abnormal and Social Psychology, 54*, 163–165.

[10] Wilson, W. C. 1958 Imitation and the learning of incidental cues by preschool children. *Child Development, 29*, 393–397.

ていた。しかし、ヒトを含む一部の生物では強化が存在しない場合でも模倣行動が生じる。[11] さらに、模倣による学習を繰り返すことで、模倣反応が出現するまでの試行回数が減少する（すなわち、より効率的に模倣するようになる）ことも報告されている。[12] このように模倣すること自体を学習したように見える現象を般化模倣と呼んでいる。般化模倣では、直接的な強化随伴性が認められないのに行動の生起頻度が変化している。この般化模倣という現象をどのように考えればよいだろうか。認知学習理論では後述する社会的学習の結果として、代理強化が成立した結果として捉えられている。他方、行動理論からは一致行動が強化された強化履歴と共通の般化勾配を示すことから、モデルと「行動を一致させる」学習によって成立すると考えられている。

[11] Baer, D. M., & Sherman, J. A. 1964 Reinforcement control of generalized imitation in young children. *Journal of Experimental Child Psychology*, 1, 37–49

[12] Bandura, A. 1971 *Psychological modeling: Conflicting theories.* Aldine Atherton.（原野広太郎・福島修美（訳）1975『モデリングの心理学：観察学習の理論と方法』金子書房）

■社会的学習理論

他者を手がかりとした学習が成立するとき、私たちの中ではどのような事象が起こっているのだろうか。この問いにアプローチした理論がバンデューラ（Albert Bandura）の**社会的学習理論**である。バンデューラは他者が介在する学習（観察すること）には、①新しい行動様式の獲得、②行動の制止・脱抑制、③反応促進、以上の3つの効果があると主張し、モデルが個体に与える影響を中心に説明を試みた。つまり社会的学習理論は、学習を個体と刺激の関係から理解する行動理論とは対照的に、個体内の変化（言語や認知）から学習過程を理解しようとするアプローチである。

観察学習

「人の振り見てわが振り直せ」ということわざがある。私たちは直接的な体験から学ぶだけでなく、他者の振る舞いを見ることで新しい行動を獲得することができる。逆に、他者の失敗を見て行動が抑制されることもある。このように、他者が行動を起こす手がかり・行動・結果の観察による学習を**観察学習**と呼んでいる。模倣は観察した行動と同一形態の行動が獲得されるが、観察学習は行動の形態ではなく、行動を起こすきっかけ（弁別刺激）、もしくは結果の対応関係の理解が含まれる。つまり、観察学習にはモデルの行動の意図（表象）の理解が含まれる。観察学習が成立する過程について、バンデューラは①モデルの行動や結果の特徴に注意を向け（注意過程）、②観察した内容の言語化などのイメージを通じて保持し（保持過程）、③イメージを適切な運動として再生し（運動再生過程）、④モデルと同様の行動をおこなった場合にどんな結果になるか理解する（動機づけ過程）といった認知的な過程による間接的な体験および他者意図理解から成立すると考えた。一方で、行動理論では、般化模倣と同様に過去の強化履歴と場面般化によって成立すると考えるなど、社会的学習はさまざまな理論の立脚点から説明が試みられている。

代理強化

行動が学習されるとき、獲得と遂行の2側面から理解される。獲得とは新しい行動が形成されることである。遂行とは、行動が実際に表出されることである。行動に対

[13] Bandura, A., Ross, D., & Ross, S. A. 1961 Transmission of aggression through imitation of aggressive models. *The Journal of Abnormal and Social Psychology, 63*, 575–582.

[14] Mason, R., Davis, H., Boles, M., & Goodwyn, F. 2013 Efficacy of point-of-view video modeling: A meta-analysis. *Remedial and Special Education, 34*, 333–345.

[15] Zimmerman, B. J., & Rosenthal, T. L. 1974 Observational learning of rule-governed behavior by children. *Psychological Bulletin, 81*, 29–42.

[16] Friedrich-Cofer, L., & Huston, A. C. 1986 Television violence and aggression: The

して強化もしくは弱化を受ける場面を観察すると、観察者の行動の生起頻度が増減する。これを代理強化と呼んでいる。心理学史の中で最も有名な代理強化の実験がボボ人形の実験[13]である。この実験は、成人モデルが人形への攻撃行動を行い、①モデルの行動を褒めお菓子を与える、②モデルを叱責する、③何も行わない、以上3条件を子どもに観察させたところ、①の条件では攻撃行動が増加し、②の条件では攻撃行動が減少したことを報告している。ただし、モデルの属性[14]、学習者の特性や環境[15]などにより行動の促進・抑制効果が異なることも報告されている。また、対象となる行動によっては増加が一時的[16]であることにも留意が必要である。

観察学習の臨床利用

観察学習はその特性から、教育や運動、心理的問題の解決までさまざまな領域で活かされている[17]。学習すべき場面・行動を自由に設定できるビデオを用いたモデリング（video-modeling）など、多くの臨床的効果が報告されている。特に神経発達症群である知的発達症、自閉スペクトラム症、注意欠如・多動症、限局性学習症（学習障害）の適切行動の獲得・支援において適用されている[18]。また、ビデオで撮影した自己行動の観察を通じて行動調整を行うビデオセルフモニタリング（video self-monitoring）では、より広範囲にわたる適応行動の獲得や、行動の肯定的変化が数多く報告されている[18]。今日ではヘッドマウントディスプレイを利用した仮想観察学習[19]など、新しい観察学習の形式が開発されており、より広い臨床利用が期待されている。

（榎本拓哉）

debate continues. *Psychological Bulletin, 100*, 364–371.

[17] Clinton, E., Galletta, A., & Zanton, J. 2016 Overview and critical components of video-based instruction for students with disabilities. *Technology and Disability, 28*, 91–100.

[18] Bellini, S., & Akullian, J. 2007 A meta-analysis of video modeling and video self-modeling interventions for children and adolescents with autism spectrum disorders. *Exceptional Children, 73*, 261–284.

[19] Adjorlu, A., Hussain, A., Mødekjær, C., & Austad, N. W. 2018 Head-mounted display-based virtual reality social story as a tool to teach social skills to children diagnosed with autism spectrum disorder. In *2017 IEEE Virtual Reality Workshop on K-12 Embodied Learning through Virtual & Augmented Reality* (KELVAR). IEEE.

3-5

初期学習と馴化・脱馴化

刺激の経験が行動を変える

■初期学習

臨界期

発達の比較的初期に特定の刺激を経験することによって行動が変容することを**初期学習**（early learning）という。初期学習は初期経験などとも呼ばれ同様の意味合いで使われることもあるが、ここでは発達の比較的初期に特定の刺激を経験することを初期経験、初期経験によってもたらされる行動の変化を初期学習と呼ぶこととする。また、初期学習においては初期経験が特に強い影響を及ぼす期間があり、その期間を**臨界期**（critical period）と呼ぶ。

ヒューベル（David H. Hubel）とヴィーゼル（Torsten N. Wiesel）は視覚能力に対して初期経験が脳の構造や機能形成にどのような影響を及ぼすのかといった側面から臨界期の存在について言及している。[1] 彼らはサルを被験体として、生後間もない時期に片眼を縫合し視覚入力を制限した。ある期間までに縫合を除去すると視覚能力は正常に戻ったが、その期間を超えて縫合を維持した場合には、縫合してあった眼はその後

[1] Hubel, D. H., & Wiesel, T. N. 1977 Ferrier lecture-Functional architecture of macaque monkey visual cortex. *Proceedings of the Royal Society of London. Series B. Biological Sciences*, 198(1130), 1–59.

正常に機能することはなかった。重要なことは、成体のサルに同様の処置を施しても視覚機能は正常に戻るということである。ヒューベルとヴィーゼルはこのような処置を施されたサルにおいて、視覚経路のどこに異常があるのかを調べた。その結果、網膜や外側膝状体《がいそくしつじょうたい》と呼ばれる脳領域では神経細胞は正常に機能していたが、皮質の視覚野における細胞に異常を見いだした。本来、視覚野における神経細胞は両眼からの入力に対して応答するが、片眼剝奪を受けたサルの視覚野では剝奪を受けた眼からの入力には応答が見られなかったのである。以上のことから、視覚野では臨界期における視覚経験によって、その後の視覚能力を決定づけるような脳構造の機能的変化が生じることが示された。視覚能力だけでなく、言語能力や社会行動においても臨界期における初期経験あるいは初期学習が重要な役割を果たしていることがわかっている。

「臨界」という言葉には、ある点を境に性質が変わるという意味合いが含まれており、臨界期を過ぎてしまうと同じ刺激であっても行動を変容させることはなく、修正もできなくなると、かつては考えられていた。しかし、臨界期はある時点として厳密に決定されるものではなく、延長しうることなどが最近ではわかってきており、このような性質は「臨界」という言葉がもつ意味合いとは少々異なることから、臨界期のことを感受期（sensitive period）と呼ぶこともある。

刻印づけ

鳥のヒナが母親の後をついて歩く様子が撮影された映像を見るとほほえましい気持

ちになる。このような光景は初期学習の最も有名な例である、**刻印づけ**（imprinting）の結果である。刻印づけとはヒナが生後間もない限られた期間に見た動く物体の後を追いかけるようになる現象のことをいうが、ローレンツ（Konrad Z. Lorenz）によって広く世に知られることとなった。あるとき、ローレンツはハイイロガンのヒナを人工孵化《ふか》させたが、目の前で孵化したヒナが自分の後を追ってくることに気づいた。通常、卵を温めているのは母親なので、孵化直後にヒナが初めて見る動く物体は母親であり、そのためヒナは母親の後をついて歩くようになる。ローレンツが孵化を観察していたヒナは孵化した直後にローレンツを見ることになったために、ローレンツの後をついて歩くようになったのである。このような刻印づけはカモやアヒル、ハイイロガンなどの鳥類においてよく観察されている。

刻印づけにも臨界期が存在し、カモにおいては孵化から24時間以上が経過すると刻印づけが困難になることが知られている。刻印づけは孵化後に何を見るのかという経験によってその後の追従行動の対象が決定するので、初期学習の一種であるといえる。また、性的に成熟した後に刻印づけられた対象に求愛することも知られており、この現象は性的刻印づけ（sexual imprinting）と呼ばれる。

■刺激反復による行動変化

馴化

ある刺激に対する反応が、刺激の反復提示によって減弱する現象のことを**馴化**《じゅんか》(habituation）と呼ぶ。刺激の反復提示を経験することによってその後の反応が変化するという観点から、馴化も学習の一つの形態であるといえる。

トンプソン（Richard F. Thompson）とスペンサー（William A. Spencer）は、ネコの後肢反射における馴化を9つの特性としてまとめた[2]。後にスペンサーやランキン（Catharine H. Rankin）らによってこれらの特性にさらに1つが付け足され、現在では合計10個の特性によって馴化は定義されている[3]。これらの特性は、馴化と馴化に類似した現象とを区別するうえで重要である。

馴化に類似した現象として、刺激を反復提示することによって効果器が疲労し、結果として反応が減弱する場合がある。ランキンらは、刺激強度が弱いほど馴化は速やかに生じるという特性を指摘し、効果器の疲労と馴化とを区別している。一般的に、提示される刺激強度が強いほうが効果器に疲労は蓄積しやすい。例えば、ある程度の重さの荷物を何度も持ち上げていると、次第に荷物を持ち上げることが困難になる。荷物を刺激、持ち上げることを反応と捉えると、刺激の繰り返し提示によって反応が減弱しているが、この場合、荷物が重ければ重いほど（刺激強度が強いほど）早い段階で持ち上げることが困難になる（速やかに反応の減弱が生じる）ため、馴化には当て

[2] Thompson, R. F., & Spencer, W. A. 1966 Habituation: A model phenomenon for the study of neuronal substrates of behavior. *Psychological Review*, 73, 16.

[3] Rankin, C. H., Abrams, T., Barry, R. J., Bhatnagar, S., Clayton, D. F., Colombo, J., ... & Thompson, R. F. 2009 Habituation revisited: an updated and revised description of the behavioral characteristics of habituation. *Neurobiology of Learning and Memory*, 92, 135–138.

はまらない。このように、ランキンらが示した特性は、馴化と馴化に類似した現象とを明確に区別する基準となる。

脱馴化

刺激Aに対して十分な馴化が確認できた後に刺激Bを提示し、その後再び刺激Aを提示すると、刺激Aに対する反応の減弱が回復することがある。馴化により生じた反応減弱がこのように回復することを**脱馴化**（dishabituation）と呼ぶ。脱馴化が生じたのかを調べるためには、一度馴化した刺激に対する反応が増大するのかを検討する必要がある。つまり、馴化した刺激Aにおける反応の増大を検討することで脱馴化が生じているのかについて言及できるのであって、脱馴化を生じさせた刺激Bに対する反応の増大を検討しても脱馴化について言及することはできない。研究者でさえも脱馴化という現象を勘違いしたまま実験パラダイムに組み込んでいることがある点には注意を要する。また、脱馴化を生じさせる刺激は、ターゲットとしている反応を生じさせうるものである必要はない。つまり、音刺激に対する反応の馴化に対して光刺激による脱馴化が成立しうるということである。

脱馴化は馴化と効果器の疲労とを区別するうえでも重要である。異なるモダリティの刺激を与えるだけで効果器の疲労が回復するということは考えにくい。効果器の疲労が原因で反応が減弱しているのであれば、脱馴化は生じないはずである。

鋭敏化

馴化には刺激を高頻度で提示するほど、あるいは刺激強度が弱いほど速やかに生じるという特性がある。強度が強すぎる刺激では馴化が生じず、むしろ、反応が増大することもある。これは**鋭敏化**（sensitization）と呼ばれ、馴化とは相反する現象である。トンプソンは刺激の反復提示によって生じるこれらの現象を説明するために馴化の二重過程理論（dual-process theory）を提唱した[4]。

実際の実験場面では刺激の反復提示開始直後に、一過性の反応増大が認められることがある。馴化が生じているだけであれば、一過性のものとはいえ反応が増大するということは説明できない。トンプソンはこの点について、刺激の情報処理過程として、相反する2つの過程が同時並行で作用した結果ではないかと考えた。すなわち、反復刺激の情報は、反応の規模を減ずるような馴化過程[5]と、反応の規模を増大させるような鋭敏化過程[6]を経て処理され、最終的に行動が表出されると考えた。ある入力に対して2つの過程が独立して並列的に処理を行っているということから、この馴化に関する理論は二重過程理論と呼ばれている。この理論によれば、刺激の強度が弱い場合は馴化過程が優勢であり、結果として反応は減少するが、刺激強度が強い場合には鋭敏化過程が優勢であり反応は増大する。

古典的条件づけ[7]や道具的（オペラント）条件づけ[8]といった連合学習に対して、馴化や脱馴化は非連合学習と呼ばれることもある。ただし、鋭敏化は刺激特異的に生じるわけではないことから、学習には含まないという立場もある。

〔髙橋良幸〕

[4] Groves, P. M., & Thompson, R. F. 1970 Habituation: A dual-process theory. *Psychological Review, 77,* 419.

[5] Habituation の頭文字をとってH過程と呼ばれる。

[6] Sensitization の頭文字をとってS過程と呼ばれる。

[7] 本書３－１「古典的条件づけ」参照

[8] 本書３－２「オペラント条件づけ」参照

3-6 学習性無力感

非随伴性の学習がもたらす3つの障害

■学習性無力感とは

学習性無力感（learned helplessness）とは、自分自身でコントロールすることができない統制不可能な出来事を経験し、「何をしても対処できない」ということを学習した結果、統制不可能の予測が形成されることによって、後続する事象においても行動と結果の随伴性が学習されにくくなったり、抑うつ気分が高まったりする現象を指す[1][2]。学習性無力感は単なるストレス反応や無気力を意味しているのではなく、出来事の統制不可能性や結果の非随伴性といった学習を伴う現象である。そのために、「学習性」無力感と呼ばれている。

学習性無力感は、マイヤー（Steven F.Maier）とセリグマン（Martin E. Seligman）が行った、イヌに電撃といった**嫌悪刺激**（aversive stimulus）を与える恐怖条件づけの**動物実験**で発見された現象である[2]。その当時は、**回避**（avoidance）という目的志向行動を、条件づけの観点から説明することが主要な研究テーマであった。

恐怖条件づけにおける逃避・回避訓練の研究では、回避−逃避箱という特殊なシャ

[1] learned helplessnessという概念が日本で広まった頃は「学習性絶望感」とも訳されていたが、いまでは多くの書籍や論文で「学習性無力感」と訳されている。

[2] Seligman, M. E., & Maier, S. F. 1967 Failure to escape traumatic shock. *Journal of Experimental Psychology, 74*, 1–9.

トルボックスが用いられる。回避－逃避箱の中央には、イヌがジャンプをすればちょうど飛び越えられるような高さの仕切りがあり、床には電撃を流すことができるようになっている（仕切りで2つに区切られた区画ごとに電撃を操作できる）。例えば、ブザー音を数秒流した後に、嫌悪刺激（ここでは電撃）を与えると、イヌは電撃を避けるために、もう一方の区画に**逃避**（escape）する。この操作を繰り返すと、ブザー音が流れるだけでイヌは嫌悪刺激が提示されること予期し、電撃が流れない区画に回避するようになる。

このような研究が行われている中で、マイヤーとセリグマンは、電撃が与えられても回避せず、イヌは電撃を受け続けるようになることを偶然発見した。その発見が「不快な刺激が提示されても回避をしないという、一見『無気力』に見える現象がなぜ生じるようになるのか」という疑問を生んだ。

■トリアディック・デザイン

マイヤーとセリグマン[2]は、学習性無力感が嫌悪刺激に起因するものではなく、統制不可能性や非随伴性によるものであることを明らかにするために、トリアディック・デザイン（triadic design）という研究パラダイムを用いた。このパラダイムでは、随伴的な状態を設定する課題（テスト課題）を行う前に、随伴性の程度を操作する前処理課題を行い、随伴群、非随伴群[3]、無処理群という3群を設ける。

[3] 非随伴群はヨークト（yoked）群とも呼ばれる。

随伴群は、ハーネス（ハンモック）で釣り上げられた状態で、ブザー音が鳴ったときに目の前のボタンを押すことで電撃を止められるという経験を繰り返す。非随伴群は、同じくハーネスでつり上げられた状態でブザーが鳴るが、その後に目の前のボタンを押しても電撃を止めることができないことを経験する（かつ随伴群と同程度の電撃を受ける）。このような操作によって、随伴群は電撃が提示された後に自らボタンを押すことによって電撃を止めることができるという随伴性を学習し、非随伴群はボタンを押したとしても電撃を止めることはできないという非随伴性を学習することになる。無処理群は、電撃の影響を精査するために、特別な前処理は受けない。

テスト課題において、各群のイヌは回避－逃避箱に入れられる。随伴群は、ブザー音が鳴ると、中央の仕切りを飛び越えて電撃が流れない床がある区画に回避する。一方で、非随伴群はブザー音が鳴っても、電撃が流れない区画に移動せずに、電撃が流れる区画でそのまま電撃を受け続けてしまう。無処理群は、初めはブザー音が提示されても電撃を受けてしまうが、ブザー音が流れると電撃が提示されることを学習すると、随伴群と同じように電撃が流れない床がある区画に回避するようになる。このようにトリアディック・デザインを用いた実験によって、マイヤーとセリグマンは、統制不可能性の認知や非随伴性の学習によって学習性無力感が生じることを検証した。

[4] Peterson, C., Maier, S. F., & Seligman, M. E. P. 1993 *Learned helplessness: A theory for the age of personal control.* Oxford University Press.（ピーターソンほか／津田彰（監訳）2000『学習性無力感：パーソナル・コントロールの時代をひらく理論』二瓶社）

[5] 荒木友希子 2003「学習性無力感における社会的文脈の諸問題」『心理学評論』46, 141–157.

■学習性無力感による3つの障害

学習性無力感の症状は、①動機づけの低下、②認知的障害、③情動障害に大別される。[4][5] 動機づけの低下とは、「自分ではその出来事に対処することができない」といった統制不可能性の予測が形成されることを指している。統制不可能性の予測によって、自発的な対処が抑制され、嫌悪刺激が提示されたとしても受動的に受け入れるようになる。次に、認知的障害とは、統制不可能性を学習したことにより、後続する出来事に対しても認知が歪むことを指す。認知の障害が生じると、本当は統制可能な出来事であっても、統制できる出来事として認知しにくくなってしまう。例えば、全く開けることができない扉を何度も開けようとして開けられない経験を繰り返すと、本当は開けられる扉を目の前にしたときに「また開けられないだろう」と考え、扉を開けようとしなくなる。最後に、情動障害として、統制不可能性の学習によって不安が生じ、それが持続すると抑うつに至ることがある。[4][5]

■ヒトを対象にした学習性無力感研究

学習性無力感は、ネコ、ネズミ、マウス、トリ、サルでも生じることが確認され、ヒトを対象とした実験研究も行われるようになった。[4] ヒトを対象とした実験では、[6] 電撃の代わりに、実験参加者がうるさくても止められない音が提示されたり、正解がないアナグラム課題や計算課題[7]が用いられたりする。ヒトを対象とした場合でも、イヌ

[6] Hiroto, D. S., & Seligman, M. E. 1975 Generality of learned helplessness in man. *Journal of Personality and Social Psychology, 31*, 311-327.

[7] 例えば、「ま、た、げ、ぱ」のようにひらがなを並び替えて単語を作る、「1□3□4＝9」のように空欄に四則演算の記号を入れて数式を完成させるといった課題がある。

[8] Abramson, L. Y., et al. 1978 Learned helplessness in humans: Critique and reformulation. *Journal of Abnormal Psychology, 87*, 49-74.

[9] Weiner, B. et al. 1987. Perceiving the causes of success and failure. In E. E. Jones, et al. (Eds.), *Attribution: Perceiving the causes of behavior* (pp.95-120). Lawrence Erlbaum Associates.

[10] 改訂学習性無力感理論と区別するために、学習性無力感研究

の実験研究と同様に、前処理課題によって随伴性を操作することで、学習性無力感を実験的に操作する（例えば、正解があるアナグラム課題と、正解がないアナグラム課題に繰り返し取り組ませる）。ヒトを対象に実験を行った場合でも学習性無力感が生じることが確認され、うつ病やアパシーが生じるメカニズムとして学習性無力感が取り上げられることも増えていった。

■改訂学習性無力感理論

学習性無力感の研究対象が広がり、研究が蓄積される中で、当初発表した理論では説明できない現象があることが批判されるようになった[8]。例えば、誰しもが統制不可能である事象（universal helplessness）と、ある個人にとって統制可能（personal helplessness）である事象による自己評価への影響の違いを説明できないことが挙げられた。また、学習性無力感の症状がいつまで続くのかという点も説明できていなかった。そこで、アブラムソン（Lyn Y. Abramson）らは、ワイナー（Bernard Weiner）が提唱した達成動機づけの原因帰属理論[9]（attribution theory）を参考にして、従来の学習性無力感の理論に原因帰属の過程を組み入れた改訂学習性無力感理論[10]（reformulated learned helplessness theory）を提唱した[11]。改訂学習性無力感理論では、内在性[12]（internal）や安定性（stable）、全体性（global）という原因帰属[13]の次元を想定することによって、統制不可能な出来事による自己評価への影響の違いにつ

の初期に提唱された理論は、古典的学習性無力感理論と呼ばれることもある。

[11] Abramson, L. Y. et al. 1978 Learned helplessness in humans: Critique and reformulation. *Journal of Abnormal Psychology, 87*, 49–74.

[12] 内在性は統制不可能な出来事が起こった原因が自分であるか、それとも自分以外であるか（内的－外的）、安定性は統制不可能な出来事が起こった出来事がいつも起きるかどうか（安定的－不安定的）、全体性は統制不可能な出来事がどんな場面でもおきるかどうか（全体的－特殊的）を表す。

[13] 改訂学習性無力感理論はワイナーの原因帰属理論から着想を得ているものの、両理論における原因帰属の定義は、同じ次元の原因帰属（例えば、安定性）でも異なっている。

[14] Metalsky, G. I. et al. 1987 Vulnerability to depressive

いて説明できるようになった。また、原因帰属の仕方の個人差として帰属スタイル（attributional style）を導入することで、抑うつ症状が生じやすい原因帰属の仕方が解明されていった。

■学習性無力感研究のその後

改訂学習性無力感理論は、素因－ストレスモデル[14]（diathesis-stress model）、抑うつの絶望感理論[15]（hopelessness theory of depression）、抑うつリアリズム[16]（depressive realism）の提唱につながり、より広範かつ柔軟に無気力や抑うつ症状の発生メカニズムを説明できるようになった。また、帰属スタイルを修正することによって抑うつ症状を解消するための再帰属訓練が開発され、認知行動療法[17]の技法としても取り入れられていった。

セリグマンは学習性無力感に関する一連の研究を終えた後、学習性楽観主義[18]（learned optimism）を提唱し、楽観主義や精神障害の予防を重視するムーブメントを生んだ。その後、セリグマンはアメリカ心理学会の会長に就任し、ウェルビーイングや人の強みに焦点を当てたポジティブ心理学（positive psychology）を提唱した。

偶然の発見から始まった動物実験の研究成果が、人々の精神障害のメカニズムの理解や心理療法の開発にもつながっていくのが、学習性無力感という現象の面白さである。

〔菅原大地〕

mood reactions: Toward a more powerful test of the diathesis-stress and causal mediation components of the reformulated theory of depression. *Journal of Personality and Social Psychology*, 52, 386–393.

[15] Abramson, L. Y. et al. 1989 Hopelessness depression: A theory-based subtype of depression. *Psychological Review*, 96, 358–372.

[16] Alloy, L. B., & Abramson, L. Y. 1979 Judgment of contingency in depressed and nondepressed students: Sadder but wiser? *Journal of Experimental Psychology: General*, 108, 441–485.

[17] 詳細は本書6－7「心理臨床における学習」参照

[18] Seligman, M. E. P. 1990 *Learned optimism*. Knopf.（セリグマン／山村宣子（訳）2021『オプティミストはなぜ成功するか（新装版）』パンローリング）

4章 「コミュニティ×顕在」
——価値の変容 becoming

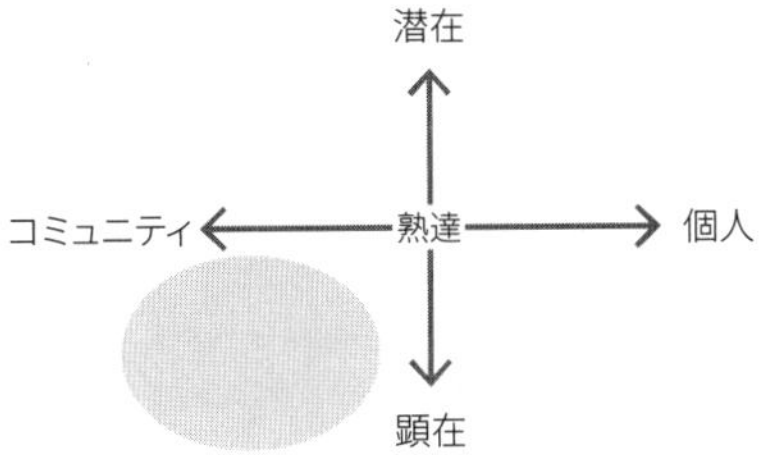

4-1

発達の最近接領域

歴史としての発達とそれを導く教授学習

■発達の最近接領域の定義

ヴィゴツキー（Lev S. Vygotsky）によれば、人間の発達は生き物としてのヒトの進化の歴史と個人の生きる社会や文化の歴史とが複雑な形で統合され、固有の法則をもって運動するものとして説明できる。[1] この運動は現時点までの状態を前提条件としつつ、そこからどこかへ向かおうとする動態として理解せねばならない。成長していく子どもの写真を並べただけでは、発達の動態を理解したことにはならない。そこからわかるのは「これまで」と「いま」だけである。この子が「これから」どうなっていくのかを推測して初めて動態が把握できる。「発達においてすでに到達したものだけでなく、成長過程にいまあるものを考慮しつつ、子どもの明日、子どもの発達の動的状態を明らかにする」[2] ためにヴィゴツキーが用意した方法論上の概念が「**発達の最近接領域**（Zone of Proximal Development: ZPD）」であった。[3]

ZPDは次のように定義される。ある子どもが一人で解決できる課題の難易度から推測される「現下の発達水準」と、大人の指導や自分より有能な仲間との協働で解決

[1] L・ヴィゴツキー／柴田義松（訳）1970『精神発達の理論』明治図書出版

[2] L・ヴィゴツキー／柴田義松（訳）1968『思考と言語（上）』明治図書出版（pp.268–269）

[3]「発達の最近接領域」はロシア語ではЗона ближайшего развитияであり、日本語に素直に訳すなら「最近接発達の領域」となる（田丸敏高 1977「日本における『発達の最近接領域』概念理解の問題」『心理科学』1(2), 12–23.）。中村和夫《なかむらかずお》は、「最近接」と訳されるближайшийが「次に続く」（英語で言うnextやfollowing）という意味であることを指摘し、「次に

できる課題、あるいは他者から教えられて模倣可能な行動の範囲から推測される「可能的発達水準」との間のへだたりである。[4] 可能的発達水準とは、要は、教えられたらできることである。ただし、模倣可能な範囲にも上限がある。ヴィゴツキーの挙げた例を持ち出せば、指し方を全く知らない大人がチェスの名人から手ほどきを受けてもすぐには熟達者になれない。そこには個人差もあり、同じ年齢でも、難しい課題の解き方を模倣できてしまう子もいれば、より易しい課題なら模倣できる子もいる。ヴィゴツキーは、「いま」一人でできることと、「これから」一人でできるはずのことから、個々人の発達の動態を推測できると考えた。言い換えると、現在と未来という異なる時間の「厚み」として人間の発達のありようを捉えようとしたのである。

■教育実践論としてのＺＰＤとそれへの批判

「明日の子ども」がどこへ向かうかを方向づけるのは大人の指導や仲間との協働である。それは、子どもの発達の道筋を導いていく社会的実践としての教授学習、[5] すなわち教えられて学ぶことである。例えば、幼児が周囲の人々の振る舞いを真似してごっこ遊びに取り入れたり、教科書に書かれた科学の知識を教師が教えて児童が世界の見方を変えていったりすることは、外からの働きかけが子どもの発達に組み込まれて方向づけされる出来事である。

ここから推測されるように、ＺＰＤ概念にはじめに注目が集まったのは、教育実践

続く発達の領域」が適切な日本語訳ではないかと提案している（中村和夫 2004『ヴィゴーツキー心理学 完全読本：「最近接発達の領域」と「内言」の概念を読み解く』新読書社）。このように訳語の不適切さについてしばしば指摘されるが、ヴィゴツキーの著作の邦訳の多くが「発達の最近接領域」を採用していることから混乱を避けるために本稿でもこの訳語を用いる。

[4] L・ヴィゴツキー／柴田義松・森岡修一（訳）1975『子どもの知的発達と教授』（p.80）明治図書出版

[5] ロシア語のобучение（アブチェーニエ）の訳。

の文脈であった。ＺＰＤに基づいていくつかの実践的示唆が取り出された。第一に、子どもの現下の発達水準ではなく、協働できることに照準して指導することで発達が促されていく。第二に、教育的介入の程度が子どもにとって模倣可能な範囲におさまっているとき、効果的な教育となる。第三に、子どもの到達度評価は一人でできることだけでなく、他者との協働を通して達成できることの観点からも行うべきである。

とりわけ、大人と子どもとの相互作用が学習目標の達成にもたらす効果を検討する上で、ＺＰＤは有用な概念であった。古典的な授業スタイルでは、伝達された知識が内面に構築されることとして学習過程が理解される。教師が行うのは知識の開陳と学習者によるその受容の確認である。それに対して、学習者の状態を把握し、それに見合った指導や支援を行うことにより、より高度な知識やスキルの習得が可能となるとする考え方が提起された。ウッド（David Wood）らが「**スキャフォールディング**」[6]（足場かけ）と呼ぶこの考え方は、他者からの協働的支援により学習者が一人では到達できない水準へと達することが可能となる事実を指し示していた。のちにブルーナー（Jerome S. Bruner）によりＺＰＤを意識した指導とスキャフォールディングとが重ね合わせられ[7]、これら2つの概念は学習における社会的相互作用の意義を指摘するための理論的背景となるに至った[8]。

子どもの現時点での発達のありように照らして適切な教育的支援を行うことに何

[6] Wood, D., Bruner, J. S., & Ross, G. 1976 The role of tutoring in problem solving. *Journal of Child Psychology and Psychiatry, 17*(2), 89–100.

[7] Bruner, J. S. 1987 Prologue to the English edition. In R. W. Rieber & A. S. Carton (Eds.), *The collected works of L. S. Vygotsky. Volume 1. Problems of general psychology* (pp.1–16). Springer.

[8] Shvarts, A., & Bakker, A. 2019 The early history of the scaffolding metaphor: Bernstein, Luria, Vygotsky, and before. *Mind, Culture, and Activity, 26*(1), 4–23.

も問題はない。しかし、指導実践を方向づける手段としてのみZPD概念を利用することには複数の立場からの批判もある。第一の批判が、ヴィゴツキーがこの概念を提出した際の議論の軸足が、教育実践ではなく発達理論の構築にあったとするものである。[9] 確かにヴィゴツキーは学校での教授学習とZPDとを関連づけて論じる。しかしそれは、教授学習によって道筋が変化するような発達とはどのような仕組みなのかを議論する中でのことであり、軸は発達にあった。簡単に言えば、ZPDは学習を論じるための概念ではなかったのである。

2つめが、人間の発達を歴史的過程として捉えていないとするエンゲストローム（Yrjö Engeström）らによる批判である。マルクス（Karl Marx）に依拠したヴィゴツキーにとって、人間とは環境に働きかけ、自らを変化させていく存在である。多様な媒介手段を用いて、人間は生まれもった知覚や運動能力の限界を超えて行為し、活動の範囲を広げていく。そのようにして人間は歴史的に新しいものを作り出していく。

エンゲストロームはこのような人間の潜在的能力に裏打ちされた、現在の私たちが行いうる学習形態を「**拡張的学習**（expansive learning）」と呼ぶ。[10] この考え方において学習する主体は個人ではなく集団だとされる。ある課題を解決するために現在の人間が手にしている手段ではにっちもさっちもいかないとき、社会の中から新たな解決手段が生まれ、私たちの行動レパートリーに加わる。個人ではなく、人類が新たな方法を手に入れたのだ。このときZPDは次のように定義できる。すなわち、個人がす

［9］Chaiklin, S. 2003 The zone of proximal development in Vygotsky's analysis of learning and instruction. In A. Kozulin, B. Gindis, V. S. Ageyev, & S. M. Miller (Eds.), *Vygotsky's educational theory in cultural context* (pp.39–64). Cambridge University Press. 前掲注［3］の田丸（1977）や中村（2004）も参照。

［10］Engeström, Y. 2015 *Learning by expanding: An activity-theoretical approach to developmental research* (2nd ed.). Cambridge University Press.（エンゲストローム／山住勝広（訳）2020『拡張による学習：発達研究への活動理論からのアプローチ（完訳増補版）』新曜社）

でに選択肢に含めている日常的行為と、そこに潜在する矛盾の解決として集団的に生みだされた、新たな社会的な活動形態との距離である。[11] つまり、発達するのは個人でなく、歴史的存在としての人類なのである。

■歴史を作る実践に現れるZPD

エンゲストロームらの立場が重視するのは、歴史上の新たな事態の発生である。それは体制の革命や創造的イノベーションの形をとるかもしれない。しかし、もっとささやかな人間の日常的活動こそが、地味ではあるが確実にこの社会を変えていく。そもそも、子どもが教授学習を通して新たな知識を習得し、その発達の道筋が変わることも、個人だけに注目すれば新しい能力の獲得として描けるが、視野を広げれば人類の文化を引き継ぐ新たな一員の誕生という歴史的事態なのである。

ニューヨークを中心に活動するホルツマン（Lois Holzman）は、ヴィゴツキーのアイデアを集団的セラピーの理論的背景に据える。[12] 現代の人々の悩みや苦しみを取り除けたとしても、社会が変わらなければ対症療法にしかならない。なぜなら、人々は社会に過剰に適応しようとして心身に不調をきたすからだ。教授法としてZPDを捉えるなら、それは子どもを社会適応させるための手段を構成する。しかしホルツマンはニューマン（Fred Newman）とともに歴史という観点からヴィゴツキーを読み直すことで過剰な社会適応から解放する活動としてZPDを捉えた。[13]

[11] 前掲書［10］邦訳 p.221

[12] L・ホルツマン／茂呂雄二（訳）2014『遊ぶヴィゴツキー：生成の心理学へ』新曜社

[13] F・ニューマン、L・ホルツマン／伊藤崇・川俣智路（訳）2020『革命のヴィゴツキー：もうひとつの「発達の最近接領域」理論』新曜社

彼らによれば、発達が進む先を、人々はみんなで行う集合的な活動を通して歴史的に新しく作り出すことができる。その向き先は、教授者も学習者も知らないし、ともするとまだこの世の誰も知らないものかもしれない。歴史的に新たな事態の生成は、現下のこの社会に存在するものからしか起こらない。言い換えると、「いま」ここにあるものと「これから」ここに現れるはずのものとが同居しているのである。ホルツマンらはこのことを「**存在／生成の弁証法**」と呼ぶ。

演劇はそのモデルとなる。自分ではない誰かの真似を意図的に行うことで、これまで存在しなかった筋書きの相互行為が舞台の上に展開される。演者自身は、「自分以外になれる私」を感じ取り、自分の新たな可能性に気づくだろう。すなわち新たな自分へと発達するのである。私でありつつ（存在）／私でないものになる（生成）ことは思弁的にではなく、あくまでも実践的に完遂される。このときZPDとは「発達を集合的に生みだすと同時に、その発達を可能にする環境でもある」[14]。言い換えると、発達とは人々が「どうなるかわからないけれども、とりあえずやってみる」というパフォーマティブな実践の中での**集合的達成**[15]なのである。

〔伊藤 崇〕

［14］前掲書［12］p.170

［15］有元典文・岡部大介 2013『増補版デザインド・リアリティ：集合的達成の心理学』北樹出版

正統的周辺参加

実践共同体への参加としての学習

■徒弟制にみる学習

徒弟制は技や芸に熟達する一つの仕組みである。靴や木工、家具などの職人、落語などの伝統芸能において「見習い・弟子」が「親方・師匠」のもとで働きながら技や芸を磨く。[1] 実践に打ち込む先達のもとで徒弟は技や芸に熟達していくのである。

レイヴ（Jean Lave）とウェンガー（Étienne Wenger）は複数の徒弟制の事例を検討しながら、教える行為が存在していなくても学習が生じることに関心をもち、そこに「教育」や「教え込み」とは異なる学習の契機を探る。[2] こうして見いだされたのが**正統的周辺参加**（Legitimate Peripheral Participation: LPP）である。正統的周辺参加の詳細をみる前に、まずは徒弟がどのようにして一人前になるのかを見ていこう。

■実践共同体への参加

徒弟となって現場に居さえすれば、おのずと立派な古参になれるわけではない。レイヴとウェンガーが注目するのは「参加」である。[3] 徒弟ははじめ、実践にとって周辺

[1] 徒弟制は時代錯誤だと思われるかもしれない。しかし、医学や法学、スポーツやアートのように、高い水準の技能や知識が必要とされる分野では学習に徒弟制の要素が組み込まれているとレイヴとウェンガーは指摘する。J・レイヴ、E・ウェンガー／佐伯胖（訳）1999『状況に埋め込まれた学習：正統的周辺参加』産業図書

[2] 「学習」を「教育」に紐づけるイメージは根が深い。例えば生徒に「教える」ことを役割とする人（教師）、繰り返される社会的には意味をもたないトレーニング（算数のドリル）、学習成果を可視化したり動機づけたりしようとする仕組み（定期試験）、それらを包含している学習に特化した施設（学校）。ところが徒弟制における学習はこうしたものと本質的に関連がない。また、彼女らは徒弟制という概念がステレオタイプ的であることも指摘している。例えば、手工業生産としてのみ存在している、親方－徒弟に固有の関

的な作業（例えば作業場の掃除や師匠の鞄持ちなど）を任される。言ってみれば誰でも担える作業であり、仮に失敗しても実践に大きな影響を及ぼすことはない。とはいえ、こうした作業が重要でないかと言えばそうではない。誰にでも担えるものの、誰かが担うことが求められているのであり、徒弟はそれを「任されている」のである。このことは、徒弟がそこにいるのを許されていることを意味する。

こうしたあり方で徒弟（＝新参者）が参加しているのは、実践（例えば家具作り、落語）に打ち込んでいる人々の共同体である。何らかの実践を中心に構成されている共同体は**実践共同体**（community of practice）と呼ばれる[4]。

実践共同体の一員となった新参者は、現場でさまざまな活動に参加し、実践を構成する多様な作業や役割を少しずつ任されるようになっていく。その活動の範囲は増していき、任される作業は複雑になる。時に危険を伴ったり、責任のある作業を担うようになったりする。こうして徐々に一人前になっていくのである[5]。

■資源へのアクセスと学習

参加はどのように学習につながるのだろうか。実践共同体の日々の実践が一種のカリキュラムを作り出し、その遂行を通じて学習が成立するとみることができる[6]。

実践共同体に存在するものに注目してみよう。古参者（親方や職人）、他の徒弟たち、実践に用いられる人工物など、さまざまな他者やモノが存在している。これらは

係があることが必須、学習はルーチン化した作業遂行である、徒弟の学習はインフォーマルである、といったことは誤解であるとする。前掲書［1］。ロゴフ（Barbara Rogoff）は子どもの認知発達を徒弟制の観点から捉えている。Rogoff, B. 1990 *Apprenticeship in thinking*. Oxford University Press.

［3］「技を盗む」という表現がある。現場にいれば師匠や兄弟子がやっていることが目に入る。学習の契機として現場における観察と模倣は目につきやすいだろう。しかしレイヴとウェンガーは、徒弟は傍観者として現場に存在しているわけではないと注意を促す。前掲書［1］。ロゴフの議論のキーワードもまた参加（導かれた参加 guided participation）である。前掲書［2］。B・ロゴフ／當眞千賀子（訳）2006『文化的営みとしての発達：個人、世代、コミュニティ』新曜社

［4］レイヴとウェンガーは実践共同体という概念は洗練させる必要があると指摘している。前掲

相互に関連しあい、諸資源が織りなす活動として実践共同体に埋め込まれている。それらは日々の実践に欠かせないものであると同時に、学習の資源でもある。どのような資源にどのようにアクセスしうるかが学習にとってポイントとなるのである。[7]

■実践共同体の再生産とは

新参者の学習が実践共同体への参加と切り離せないことを見てきた。次に実践共同体の視点から新参者の位置づけや学習の意味を考えてみよう。実践共同体がその営みを長年にわたって維持するとき、共同体に何が起こるだろうか。

まず、実践に携わっていた人々は年を重ね、次世代の担い手が求められるだろう。担い手の不在は実践存続の危機を意味する。つまり新参者の存在、そしてその学びのあり方は実践共同体の「再生産」と切り離せないのである。次に、実践共同体が担っていること（例えば人々に必要とされていた技術や愛されていた芸、製品やサービス）は時代の変化の中でその価値を変えているだろう。価値とそれを生みだす実践が時代を越えて「そっくりそのまま」維持されることは考えにくい。つまり実践共同体の「再生産」とは、これまでの実践を同じように繰り返すことではなく、時代の変化とともに実践が変わっていくことを意味する。[8]

これを踏まえると、新参者の学びを静的に捉えるのでは十分でないことがわかる。実践共同体への参加とは、時が止まった共同体に確固として存在している知識や技能

書［1］。ウェンガーは、実践共同体は家、職場、趣味活動など、いたるところにあるとする。Wenger, E. 1998 *Communities of practice.* Cambridge University Press. なお、実践共同体のメンバーであることは、ひとところにいることを意味するわけではない。

［5］関連するエスノグラフィーとして、田辺繁治 2003『生き方の人類学』講談社、森田敦郎 2012『野生のエンジニアリング』世界思想社も参照されたい。

［6］学習の機会は、親方－徒弟といった固有の関係によるのではない。リベリアのヴァイ族、ゴラ族の仕立屋において徒弟が任せられる作業の順序（仕上げ→縫う→裁断）、作るものの順序（帽子→子どもの普段着→外着用の衣服→高級スーツ）に見いだされる意味は印象的である。詳細は前掲書［1］を参照されたい。

［7］このことは、実践共同体（作業場・仕事場、活動のネットワーク）の構造的な特徴によって経験

を新参者が内化・習得するような営みではない。[9] 新参者が参加する実践共同体は常に動きの中にある。実践の対象を追究し、実践を維持するやり方を模索し、時にその方針をめぐって古参者と対立したり、葛藤を抱えたりしながら、実践は変化し続ける。[10]
新参者が参加しているのはこうした営みであり、その過程が学びなのである。

■正統的周辺参加とは

徒弟制を一つの参考にレイヴとウェンガーが整理したのが正統的周辺参加である。正統的周辺参加は、新参者が実践共同体に参加していく過程を対象とするものである。[11] それでは正統性と周辺性は何を意味しているのだろうか。

「部外者」が実践共同体に自由に出入りしたり、自由に活動に携わったりすることは考えにくい。逆にいうと、その場にいたり活動に携わったりすることが許容されていることは、何らかの意味で参加が正統性（legitimacy）を有することを意味する。参加のあり方が学習と切り離せないのはすでに述べた通りである。

周辺性（peripherality）は現場にさまざまな参加のあり方があることを表している。彼女らは実践共同体における成員性（membership）の多様な形態、関係性に焦点を当てるねらいから、参加が深まっていることを十全的参加（full participation）と表現する。[12]

参加の深まりとともに実践との位置関係や実践にたいする見方は変化していく。そ

すなわち学習が異なることを示している。学習の資源を日々の実践から分離して取り出すのが難しいことがわかるだろう。

[8] レイヴとウェンガーは「現状維持」もまた「変化」と同様に、説明を要する事態だという。前掲書[1]

[9] レイヴとウェンガーは学習が社会的実践と切り離せないという。学習を知識や技術の内化・習得とみなし、普遍的な心理過程として取り扱うこと、言い換えれば、歴史を欠いたものとして扱うことの不十分さを指摘する。前掲書[1]。この点で「認知的徒弟制」の議論との比較は興味深い。また、スファード（Anna Sfard）は学習を捉えるうえで獲得メタファーと参加メタファーの双方が重要だという。Sfard, A. 1998 On two metaphors for learning and the dangers of choosing just one. *Educational Researcher,* 27(2), 4–13.

[10] 関連する例として、川床靖子 2009『学習のエスノグラフィ

こに示されるのは**学習の軌道**（learning trajectories）であり、発達するアイデンティティである。正統的周辺参加は複雑な現実を抽象化する理論ではなく、現実を具体的に把握するための分析視点と位置づけられている。[13]

■参加させない仕組みと学習からの阻害

正統的周辺参加の視点をとると、参加の機会や資源へのアクセスが学習にとって重要であることがわかる。逆にいうと、これらが奪われると学習は阻害されてしまう。

例えばスーパーマーケットの経営者は利益を上げるために、肉加工職人に肉を効率的に準備することを求める。[14] そこで、徒弟にはカットされた肉の包装だけを担当させる。さらに、職人が自らの手を止めて、徒弟に肉をカットさせたり、挽く作業に関わらせたりすることも経営者は求めない。作業の効率を下げるからである。つまり、徒弟は他の作業に携わることなく、ひたすら包装し続けることを求められる。ある売り場では、徒弟が包装する場所から職人が肉をカットする様子を見ることさえできなかった。この事例では、徒弟は参加の機会、資源へのアクセスが制限されている。徒弟を共同体の再生産に関わる成員とみなすことなく、実践に参加させない仕組みを設けることで、非熟練労働に従事させ続けているのである。こうしたあり方は、長期的には実践共同体を脆弱なものにしかねない。

ー：タンザニア、ネパール、日本の仕事場と学校をフィールドワークする』春風社

[11] 正統的周辺参加は徒弟制を抽象化した理論ではない。前掲書［1］

[12] 実践共同体にはさまざまな関わり方がある。それにもかかわらず、中心的参加（central participation）と言うと、そこに中心があることになってしまう。単一の中心があるわけでないこと、また「周辺」についても物理的に示せるところがあるわけではないことに彼女らは注意を促す。周辺的な参加は実践共同体との関わりのうちにあることを意味する。その対義語は非関与、無関係である。前掲書［1］

[13] 正統的周辺参加は教育のやり方を指す言葉ではない。また、実際の学習や実践共同体への参加を抽象化することを目指したものでもない。前掲書［1］。分析視点であるとは、そのメガネをかけることで、私たちの周囲にある現象

■社会的に分散された認知

認知人類学者のハッチンス（Edwin Hutchins）はアメリカ海軍の大型船舶の運航を研究している。[15] 海上で運航プランを立てるために船の位置を把握する方法に位置決めサイクルと呼ばれる活動がある。船内の定位置にいる6人のメンバーはそれぞれに作業を行う。例えば望遠装置で目標物の方位を測定する、方位日誌に方位を記録する、方位の情報をもとに船の位置を作図するといった具合である。6人は各自の持ち場で作業を実行する。作業が一連の順序でなされると船の位置がおのずと把握される。

船の位置を把握するうえで、各メンバーが活動の全体像をもっている必要はない。自分の作業の進め方を知っていれば十分である。局所的な相互作用の結果として、位置決めサイクルという全体的な活動が達成される。ハッチンスはこうした仕組みを**分散認知**（distributed cognition）と呼んだ。船の位置を把握する活動は、チームの社会的構造と必要な道具類とともに社会的に分散されたシステムとしてあるのである。

ただし現場はもう少し複雑である。船員は自分の作業のみならず、他の船員が行っている作業の知識をも有する。それは日常で他者を観察する機会があることなどに由来する。メンバー間の知識の重なりは、相互にサポートしあう可能性を生みだす。結果的にシステムには柔軟性と安定性が生まれる。メンバーが実践に広く参加していることが、システム／実践共同体に頑健性をもたらすことをこの事例は示している。

〔土倉英志〕

をより十全に分節化して捉えることが可能になることを意味する。ただし、その後、組織コンサルティングをするようになったウェンガーの志向は、前掲書［1］とは異なっているように見える。E・ウェンガー、R・マクダーモット、W・M・スナイダー／櫻井祐子（訳）2002『コミュニティ・オブ・プラクティス：ナレッジ社会の新たな知識形態の実践』翔泳社

［14］前掲書［1］

［15］E・ハッチンス／宮田義郎（訳）1992「チーム航行のテクノロジー」安西祐一郎ほか（編）『認知科学ハンドブック』共立出版（pp.21-35）。ハッチンスは認知科学のみならず、認知人類学もまた知識が個人の内側にあるという見方に縛られていたことを指摘する。Hutchins, E. 1995 *Cognition in the wild*. MIT Press. 分散認知というアイデアがもつ潜在的なインパクトについては次も参照。G・ソロモン（編）／松田文子（監訳）2004『分散認知：心理学的考察と教育実践上の意義』協同出版

4-3 越境学習

境界を横断することの意義と困難

■越境とは

近年、**越境学習**ということばをよく聞くようになった。中原淳《なかはらじゅん》による定義[1]は、「個人が所属する組織の境界を往還しつつ、自分の仕事・業務に関する内容について学習・内省すること」というものである。つまり、越境学習とは、自分が所属している組織の外に出て、そこで経験したことをもとに自分の仕事について振り返ることを指す。このような考え方が必要になるのは、社会の変化が早く、自分が組織の中で身につけたものの見方を常に問い直す必要があるからだろう。**アンラーニング**[2]や**リスキリング**ということばがよく聞かれるようになったのも、同じ理由であると思われる。

このように越境学習にはいい影響があると考えられているようだが、越境学習や、そもそもの越境にはどのような意味があるのだろうか。越境することで、人はどのように変わるのだろうか。ここでは、越境という概念を最初に提唱したエンゲストローム（Yrjö Engeström）の議論をたどりながら、これらの問いに答えていきたい。

[1] 中原淳 2012『経営学習論：人材育成を科学する』東京大学出版会

[2] 本書4-4「アンラーニング」参照

■エンゲストロームの水平的学習

越境、あるいは境界横断（いずれもboundary crossingの訳）という概念は、エンゲストロームが1995年に発表した論文に由来する。[3] エンゲストロームは、ソビエト連邦（現在のロシア）の心理学者レオンチェフ（Alexei N. Leont'ev）が提唱した**活動理論**を発展させたことで知られている。[4] この論文で検討されている事例は、以下のようなものである。船室を作っている工場で、タイルを製造する工程に新しい機械が導入された。ところが、新しい機械で作られたタイルを浴室に貼ろうとしたところ、タイルの寸法が浴室にうまく合わないことがわかった。そこで、浴室にタイルを貼るチームは、タイルの製造チームのところに出向き、クレームをつけた。両者はタイルを見ながら話し合っていたのだが、そのうちにお互いの工程がどのようなものであるかが理解され、さらには自分たちの仕事についても理解が深まり、最終的に従来の機械でタイルを作り直すことで話がまとまったという事例である。

一見するとどこにでもあるようなトラブルに、エンゲストロームが目をつけたのはなぜだろうか。ポイントは、話し合う中で、お互いの仕事が理解されたり、自分たちの仕事についての理解が深まったりしたことは、新しい理解が生み出されたという意味で学習とみなせるのではないか、という点である。従来は、学習とは**熟達**に代表されるような、[5] 何かがうまくできるようになる、より早くできるようになるといった学習を指すものと考えられてきた。しかし、立場の違うチームがお互いについて知るこ

[3] Engeström, Y., Engeström, R. & Kärkkäinen, M. 1995 Polycontextuality and boundary crossing in expert cognition: Learning and problem solving in complex work activities. *Learning and Instruction, 5*, 319–336.

[4] 本書1－2「行動主義以外の流れ」参照

[5] マッピング上では、熟達（垂直的学習）と越境学習（水平的学習）との間に大きな対立があるようには見えないが、両者の間には何を学習するのか、という学習の対象の違いがある。つまり、マッピングで表現されているのとは別の対立軸があると考えてほしい。

とは、熟達とは言えない。むしろ、新しいものの見方ができるようになる、という熟達とは異なる種類の学習ではないか、とエンゲストロームは考えたのである。そこで、熟達のような学習を**垂直的学習**、他者との出会いによる学習を**水平的学習**と呼び、自分とは違うコミュニティに出会う機会である越境によって水平的学習が生じると考えたのである。

■佐伯のタテとヨコ

偶然にも、エンゲストロームと同じ1995年に、佐伯胖《さえきゆたか》が類似した議論を展開している[5]。佐伯は、エンゲストロームが垂直的学習と呼ぶ熟達を**ヨコの学習**と呼んでいて、**タテの学習**として「自分が知るべきこと」と「世の中で知るべきこと」の2つを考えている。そして、両者の間のずれが、ヨコの学びを引き起こすと考えているのである[6]（図1参照）。

エンゲストロームと佐伯の議論は全く同じではないのだが、共通するポイントは、熟達を学習の典型とみなす学習観を問い直した点にあると言えるだろう。他者との出会いや、社会とのずれによって自分のものの見方が変わることを、もう一つの学習であると考えているのである。

［5］本書4－4参照

［6］佐伯胖 1995『「わかる」ということの意味［新版］』(pp.3–12) 岩波書店

図1 「わかろうとする」のタテとヨコ（前掲書［6］より）

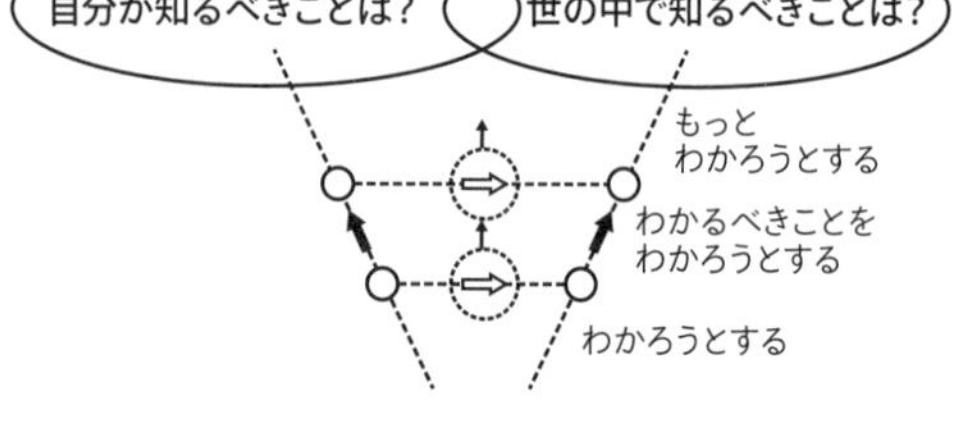

■越境の難しさ

このように、越境することは、水平的学習を生み出す機会となる。このことは、自分のもっている暗黙の前提を問い直し、学び直していくための方法として、とても適しているように見えるかもしれない。しかし、ことはそう単純ではない。

まず、境界を越えるのは、たやすいことではなさそうである。青山征彦《あおやままさひこ》は、自分たちには意味がわかるが、それを知らない人にとっては意味がわからない隠語を使う場面について検討している。[7] 例えば、デパートなどでは、店員が昼食に行ったり、トイレに行ったりするときに隠語が使われる。店員は、席を外すことを同僚に伝える必要があるが、そのことを客には知られたくない。そこで「すけんや」「にのじ」といった隠語を用いる。[8] 隠語を用いることで、その意味がわかる自分たちのコミュニティと、意味がわからない他者との間に境界を引いているわけである。青山は、このような事態を**境界生成**と呼んでいるが、境界生成はごくありふれた行為であり、さまざまな場面で観察される。

境界生成についての議論からは、コミュニティの境界はなぜあるのかがよくわかる。コミュニティの中では、自分たちがわかることを前提にしたほうが、話が早い。そのため、他のコミュニティの人にはわからない前提が積み重なって、それが境界を生成する。その境界を越えるということは、自分たちのコミュニティの前提が通用しない世界へと踏み出すこと、あるいは自分たちのコミュニティの前提を疑うことにほ

[7] 青山征彦 2010「境界を生成する実践:情報を伝えないことの意味をめぐって」『駿河台大学論叢』41, 207–217.

[8]「すけんや」「にのじ」はトイレに行く、という意味。デパートによって隠語が異なる。米川明彦(編) 2001『業界用語辞典』東京堂出版

かならない。このように考えると、越境には葛藤や困難がつきものである理由が、よくわかるだろう。

■望まない越境も

越境というと、越境学習のような前向きのイメージが語られがちだが、実際には、後ろ向きの越境ともいうべき事態も存在する。

小林恵子《こばやしけいこ》は、経営危機に陥った企業で結成された訪問販売チームとその支援者について調査している。[9] 訪問販売チームのメンバーは、業績不振となった他部署から参加していて、メンバーはいつか元の部署に戻りたいと思いつつも、イベントなどでは支援者とともに熱心に活動に取り組んでいた。いわゆる越境のイメージは、イベントなどで見られた立場の違いを超えた協働であろうが、そもそもメンバーはこの事態を歓迎しているわけではない。小林は、訪問販売チームには「ここは自分の居場所ではない」という、元の部署に戻ることを志向した後ろ向きの態度があることを指摘している。越境というと、自ら進んで他のコミュニティとの関わりをもつようにイメージしてしまいがちだが、もともとのエンゲストロームの事例がそうであるように、越境せざるを得ない状況に巻き込まれた、ということも往々にして見られる。前向きな越境だけを考えてしまうと、こうした状況が抜け落ちてしまうだろう。

[9] 小林恵子 2019「後ろ向きの越境と境界の変容に関する研究：危機に直面した企業組織でのフィールドワークから見えてきたもの」『質的心理学研究』No.18, 41–60.

■越境を捉え直す

石山恒貴《いしやまのぶたか》は、「越境学習者は二度の葛藤を通して学ぶ」と指摘している。[10] ホームからアウェイへと越境したときに葛藤を感じるだけでなく、その後、ホームである自分のコミュニティに戻ってきたときに、自分のものの見方が変わったことで居心地が悪くなり、そこで二度目の葛藤を感じる、というわけである。越境によって生じる葛藤をうまく表現しているように思われる。

ここまで見てきたように、越境をすることは水平的学習の機会として重要だが、そもそも困難を伴うし、越境をすることを本人が望んでいないケースもありえる。学習研究が見落としがちなことではあるが、学習には必ずと言っていいほど本人やコミュニティにおける価値がからむ。越境も、越境学習も、本人やコミュニティにとっての価値、周囲にとっての価値がからみあいながらなされることを意識したい。

〔青山征彦〕

[10] 石山恒貴・伊達洋駆 2022『越境学習入門：組織を強くする冒険人材の育て方』日本能率協会マネジメントセンター

4-4 アンラーニング

「実践共同体への参加」のめざめ

■まなびほぐし

「**アンラーニング**（unlearning）」に「**まなびほぐし**」という訳語を当てたのは鶴見俊輔《つるみしゅんすけ》である。彼が戦前、ニューヨークでヘレン・ケラー（Helen Keller）に会ったとき、彼が大学生であると知ると、彼女は「私は大学でたくさんのことを学んだが、そのあとたくさん、まなびほぐさなければならなかった」と言ったそうである。その「まなびほぐす」というのは、「アンラーン（unlearn）」のことであり、彼はそのとき初めて聞いたことばだったが、意味はすぐにわかったという。「型どおりにセーターを編み、ほどいて元の毛糸にもどして自分の体に合わせて編みなおすという情景が想像された」とのことである。[1] この記事を読んだ大江健三郎《おおえけんざぶろう》は、「unlearning」を以前から「学び返し」と訳していたが、いかにもこなれていない訳だと思っていたところ、たまたま鶴見の記事から「まなびほぐし」というみごとな訳語を知ったという。[2]

[1] 鶴見俊輔 2006/12/27「対談の後考えた：臨床で末期医療を見つめ直す」『朝日新聞』（朝刊）

[2] 大江健三郎 2012「「学び返す」と「教え返す」：人はいかにまなびほぐすか」『定義集』（pp.45–48）朝日新聞出版

■学校化された「まなびの身体技法」

佐伯胖《さえきゆたか》は「まなびほぐし（アンラーニング）」を、「これまでの『まなび』を通して身につけている『型』としての『まなびの身体技法（まなび方）』について、それをあらためて問い直し、『解体』して、組み替えるということを意味しているのであろう」と述べている。[3] さらに、そのいつのまにか身につけている「まなびの身体技法」の中で最大のものは「学校教育」への過剰適応であるとしている。

石黒広昭《いしぐろひろあき》は、小学校1年生の教室のフィールドワークにより、子どもたちの入学当初（4月）の様子と、わずか2か月後（7月）の教室の様子を比べて、子どもたちがいかにみごとに学校化されるかを報告している。[4] **学校化**の例として、同書の中でも紹介されているが、ミーハン（Hue Mehan）は教室における教師と生徒との談話が日常の談話形式と異なっているという。日常の談話で、人が何かについて尋ねるときは、尋ねる人が知らないことについて、知っている人に尋ねる。例えば、「いま何時ですか?」と尋ねて、「いま、12時15分過ぎです」という答えを得たら、尋ねた人は「ありがとう」と答える。ところが教室で教師が「いま何時ですか?」と尋ねて、生徒が「いま、12時15分過ぎです」と答えたら、教師は「正しいです」とか「間違いです」とかの評価を与える。ミーハンはそれをInitiation（開始）－Reply（応答）－Evaluation（評価）の連鎖、**IRE連鎖**と名づけて、いかに教室談話が日常談話と異なっているかを指摘している。[5] このように、教室では「問う」のは教師であり、生徒

[3] 佐伯胖 2012「まなびほぐし（アンラーン）のすすめ」苅宿俊文・佐伯胖・高木光太郎（編）『まなびを学ぶ（ワークショップと学び1）』（pp.27–68）東京大学出版会

[4] 石黒広昭 2016『子どもたちは教室で何を学ぶのか：教育実践論から学習実践論へ』東京大学出版会

[5] Mehan, H. 1979 *Learning lessons: Social organization in the classroom*. Harvard University Press.

は「問われた問いに答える」のであって、生徒自身から何かを「問う」ということは考えられていない。

■自生する学び

これに対し、松下良平《まつしたりょうへい》は、近代の学校教育制度が成立する以前は、学習者の外側（例えば「教師」）から学習させようという働きかけのない、学び手自身が自分から学ぼうという「**自生する学び**」があったに違いないとする。[6] 松下によると、今日でも、そのような学びは間違いなく存在するという。お金や資格といったメリットとは無関係に生涯教育関係の施設や自宅で学ぶ人々、血のにじむような練習に励む音楽家やスポーツ選手、自分の生み出す成果がどのような社会的有用性があるか全くわからないのに、探究に没頭する哲学者や数学者などである。松下は、そのような外から「動機づけられる」（興味・関心をもたせる、メリット・デメリットを提示される…）ことのない学びを「自生する学び」と名づけた。松下は、「自生する学び」の活動は、実践だという。実践は活動の内部に固有の善を内在させているという。さらに内的善を求める活動には卓越性が判定され、それを高めることが目指される。実践の内的善や卓越性は、個人の頭の中というより、実践を共有する人々の間に、言語化困難なかたちで埋め込まれており、自ら実践に参加しなければわからない。

[6] 松下良平 2000「自生する学び：動機づけを必要としないカリキュラム」グループ・ディダクティカ（編）『学びのためのカリキュラム論』（pp.236–255）勁草書房

■正統的周辺参加

松下は引用していないのだが、彼の「自生する学び」の説明は、レイヴ（Jean Lave）とウェンガー（Étienne Wenger）の提唱する**正統的周辺参加**[7]（Legitimate Peripheral Participation: LPP）とそっくりである。

正統的周辺参加というのは、人類学者たちが学校以外の場での人々の生産活動についてのフィールドワークを通して得られた知見をもとに、学習を「実践共同体の実践に参加すること」としたものである。そこでは、まず学習は「正統的（legitimate）」であるという。つまり、何らかの文化的実践（世の中に「よい」とされる成果を生み出す活動）に結びついているという。次に「周辺的（peripheral）」であるという。それは、常に異質な実践共同体と接しており、そこからの参入（「新人」としての参加）が可能となっているのである（当然、「外部」との交流が生じうる）。最後に、学習は何らかの実践共同体への「参加（participation）」であるという。つまり、個人の活動ではなく、実践をともにする人々の集まりに参入し、活動をともにすることだとするのである。その結果、学習者は「成員性」（アイデンティティ）を獲得するという。「成員性」というのは、自らの独自性を保ちつつ、その共同体の他のメンバー（成員）から「ともに活動する仲間」として受け入れられ、自らもその共同体のメンバー（成員）としての自覚が生まれることを指す。

[7] J・レイヴ、E・ウェンガー／佐伯胖（訳）1993『状況に埋め込まれた学習：正統的周辺参加』産業図書、本書4－2「正統的周辺参加」も参照

■分析的視座

正統的周辺参加の理論は、西アフリカの仕立屋の徒弟に入り、新参者が次第に古参者になっていく過程をつぶさに観察して理論化したものであるから、松下の「自生する学び」に類似しているのは当然である。しかし、正統的周辺参加論が松下の「自生する学び」論と決定的に違うのは、正統的周辺参加というのは、あらゆる場での「学習（learning）」を捉える分析的視座（analytic perspective）であるとしている点である。つまり、学校以外での「学び」の理論ではなく、あらゆる場での学習を分析するときの座標軸に「正統性」、「周辺性」と「参加度」という視座（perspective）で分析することを提言しているのである。例えば、極端に「教え主義」に徹した教室でも、そこでの「勉強」における「正統性」（どういうことがその教室で「よい」とされるか）、周辺性（どれだけ、「異質」が認められるか）、参加度（その教室で「できる子」として認められるか）を分析してみようということである。

■学習のタテとヨコ

佐伯は、人が「わかろうとする」営み（学習）について、学習のタテとヨコという観点から捉えることを提言している。[8] 学習のヨコというのは、学習者の「わかっていない」状態から「わかっている」状態に向けての「わかろうとする」活動を指す。さらに佐伯は、そのような活動（いわば「勉強」）それ自体を問いなおす営みが潜んでい

[8] 佐伯胖 1995『「わかる」ということの意味［新版］』(pp.3–12) 岩波書店、本書4－3「越境学習」も参照

るという。つまり、「どうしてそういうことを知るべきなのか」、「何が本当に知るべきことなのか」を問うのである。佐伯はそのような「わかろうとする」営みを「学習のタテ」と定義する。これも、「学習の分析的視座」の一種と見ることができよう。

正統的周辺参加というのは、学習のタテ方向（いかなる実践共同体への参加を目指しているか）を分析する視座である。また、ヘレン・ケラーが「アンラーンした」というのも、大学のアカデミズムの中での勉強自体を、「これが本当に知るべきことだったのか」、「私が本当に学びたい、知りたいことはどういう実践なのだろうか」を根底から問いなおす「学習のタテ」の営みだったと捉えることができる。本当に参加したい実践共同体を社会的活動の中に見いだし、それへ向けて「学び直し」（アンラーン）をしなければならなかったことを鶴見に語ったのであろう。

〔佐伯 胖〕

4-5 ダブルループ学習

組織や組織メンバーの学びと困難性

ダブルループ学習は、組織学習に関係する用語である。そこでまず、組織学習とは何かを概説する。

■組織学習

組織学習とは、組織や組織メンバーの行動が変化することである。例えば、新たな知識を得て業務が効率的になる、戦略を転換して既存のルーチンを変える、妥当性の低い手続きを正す、などである。組織は競争力向上のために組織学習に取り組む。

組織学習を推進する学習主体についての3つの捉え方

①組織の変化をミクロレベル（個人）の行動から捉えようとする立場の理論では、学習主体は組織メンバーである。彼らが新たな知識を獲得して行動を変化させることが組織学習である。知識を獲得して変化を創り出した組織メンバーが、それを他者や部署に広く伝達・共有することにより、組織の行動が変化する。[1]

②組織の変化をマクロレベル（組織そのもの）の動きから捉えようとする立場では、

[1] 安藤史江 2019『コア・テキスト組織学習』新世社。日常的な改善は主に①によって生じ、ルーチンや価値観の変革は主に②によって生じる。

学習主体は組織である。組織は歴史から教訓を得て、行動を導くルーチンを整備あるいは刷新することにより学習する。ルーチンとは組織における仕事のルールや構造である。ルーチンの変化に加えて、組織目標や価値観の変革も含まれる。[1]

③近年では、ミクロとマクロのダイナミックな関係を重視した研究が多く認められ、組織と組織メンバーの相互作用が組織学習を促すと捉える。組織メンバーは業務を通して、既存ルーチンの非有効性に直面し、それらを改善しようと組織に働きかける。[1] 組織がそれを支援・推進する場合は、組織学習が促進される。新たなルーチンが整備されると、他の組織メンバーの行動も変化する。[1]

組織学習の3水準（図1）

シングルループ学習：既存のルーチンや価値観はそのままに、必要な手続きの追加や不適切な箇所の修正が行われる。[1] アージリス（Chris Argyris）とショーン（Donald Shön）によれば、シングルループ学習は、計画や実行から結果を振り返り、より有効な行動へと調整する学びである。[2] かつての音響機器メーカーでは、音質の向上が製品の価値を高めるという価値観のもと、その技術を磨き続けたという例が挙げられる。

ダブルループ学習：既存ルーチンの妥当性が低下してくると、その原因を探索し解決策を吟味して、既存ルーチンの変更を行う活動である。[2] 行動の準拠枠であった価値前提を見直す活動も含まれる。音響機器の例では、音響の質よりも好きな音楽をいつでもどこでも聴きたいという消費者欲求が多いことに気づき、その体験を実現する製

図1　組織学習の3水準

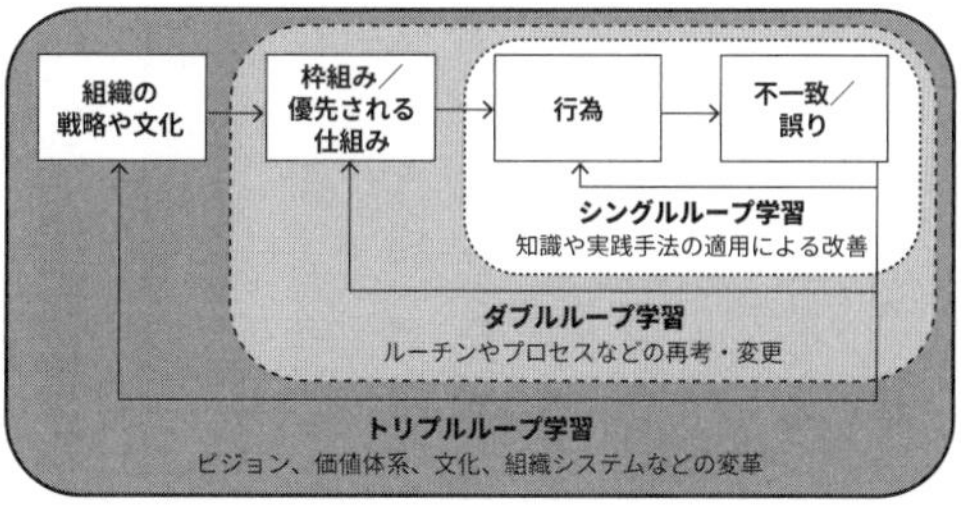

［2］Argyris, C., & Schön, D. A. 1978 *Organizational learning: A theory of action perspective.* Addison-Wesley. 後掲書［4］も参照

品開発に取り組む活動である。既存ルーチンで成功体験を重ねてきた組織であるほど、既存ルーチンと新たな学びの間に矛盾や葛藤が生じる傾向にある。

トリプルループ学習：組織ルーチンの大きな変革や急進的変化である。組織の上層部がコミットして、新たなビジョンや方向性を示し、関連部署が模索しながら新規ルーチンの開発と現場実践に取り組む。従来の成功体験が大きいほど、新規ルーチンは既存ルーチンに基づく業務遂行と衝突しがちである。その衝突を乗り越えるプロセスでは、組織は既存ルーチンのアンラーン（unlearn）が、組織メンバーは従来の職業的自己（専門性・役割・行動など）のアンラーンが求められる。[3]

ダブルループ学習やトリプルループ学習で遭遇するアンラーンには、組織レベルと個人レベルでの困難がある。前者については、組織が表向きに掲げる「**信奉理論**（espoused theory）」と、現場での判断や行為が準拠する「**使用理論**（theory-in-use）」との間に矛盾が生じる。[2][4] 多くの場合、組織メンバーは既存ルーチンを防衛して規範的に振る舞い、面子を守り、リスクを低減しようとする。このため、不都合が生じても使用理論へのフィードバックが起こりにくい。後者については、人は積み重ねた職業的アイデンティティと自己効力感が揺らぐ事態に直面すると、防衛反応が表面化して新規ルーチンを否定しがちになる。近年では、アンラーンに付随する困難を克服するために、組織内チームや個人の「**心理的安全性**[5]（psychological safety）」を図りながら、凝り固まった価値観を解きほぐそうとする介入が提案されてきている。

［3］アンラーンは、経営領域では「学習棄却」と訳され、妥当性を欠く価値や知識を棄却して、より妥当性の高い知識や価値に置き換えることをいう。一方、教育心理学領域では「学びほぐし」と訳され、個人が従来の学びを通して獲得した型としての身体技法を省察し解体して組み替えることをいう。本書4-4「アンラーニング」参照

［4］伊東昌子 2020「経験からの学習：経験だけでは学べない」伊東昌子・渡辺めぐみ（編著）『職場学習の心理学：知識の獲得から役割の開拓へ』（pp.53–73）勁草書房

［5］Edmondson, A. C. 2019 *The fearless organization: Creating psychological safety in the workplace for learning, innovation, and growth.* John Wiley & Sons.（エドモンドソン／野頭智子（訳）2021『恐れのない組織：「心理的安全性」が学習・イノベーション・成長をもたらす』英治出版）

■ベイトソンによる学習の階型論

組織や社会に埋め込まれた個人の経験的学習やその変化については、ベイトソン（Gregory Bateson）が低次から高次まで、5段階の学習を区別している。[6]

学習0：特定の感覚的入力に対して反応が一つに決まっている現象である。

学習Ⅰ：所定の選択肢に対して特定の反応が定着していく過程。環境の中のある変化が何らかの合図になっている場合、その合図に対する反応を獲得する学びである。ただし、同様のコンテクストが反復される必要がある。例えば、組織内の安定した既存ルーチンの中で、業界用語を含む実践知を獲得していく学びである。

学習Ⅱ：有効性を欠いた学習Ⅰのプロセスを見直し修正する学習である。学習Ⅰを経験していると、既存の安定したプロセスが有効でなくなったときに、従来の状況が変化したと気づき、新たに適切な反応を探索的かつ発見的に学ぶことを進めなければならない。その過程では混乱が生じる場合もある。

学習Ⅲ：学習Ⅱのプロセスやそれが有効なシステム自体が問い直されて修正される変化である。例えば、ある組織社会で獲得した考え方や振る舞いに疑問や限界を感じて、従来の行動基準の前提を問い直し、固定した型を破り、より柔軟で高度な振る舞いを開発する学習である。この学習の過程では、学習Ⅱで形成した自己の問い直しが求められるため、さまざまな矛盾に遭遇して戸惑うことがある。

学習Ⅳ：学習Ⅲに取り組む過程で生じるとされるが、地球上に生きる成体の有機体

[6] Bateson, G. 1972 *Steps to an ecology of mind*. Happer & Row.（ベイトソン／佐藤良明（訳）1990『精神の生態学』思索社）

において、この水準が達成されることはない。進化のようなものとされる。

ダブルループ学習を含む、より高次の学習が進む過程では、組織メンバーは学習Ⅱや学習Ⅲを経験することになる。高次の学習時には視野の拡大に伴って新たな前提が発見され検討されて、多層的なフィードバックが可能になり影響力も広く大きい。

■ダブルループ学習を含む、より高次の学習への処方箋

高次の組織学習は、組織にとってもメンバーにとっても困難である。特に現行の組織を日々運営するメンバーにとっては、新たな探索的実践に注力することは制度的に難しい。現場での学習には次のような限界がある。[7] ①失敗によるコストが大きいため、試行錯誤的な学びが難しい。②業務効率が求められるため、時間的制約がある。③状況に応じた適切な指導が受けられるとは限らない。④職場の業務に関し特定の学習レベルで満足してしまう。⑤現場で固定化した知識が、新たな環境への適応を阻害する。このように現場では高次の学習が生起しにくいので、異なる場の仕事を経験したり、外部研修機関で先進的知識を学んだりして、自身の業務境界を越えた学びに従事する「越境学習」が推奨されるようになってきている。[8]

組織メンバーが自身の仕事領域でダブルループ学習を遂行したとしても、それを組織の学習へと拡張させるのは容易ではない。外部で得た知識を職場で実践するには、上司と同僚を巻き込む必要がある。しかし前述の現場での学習の限界が障壁となる。

[7] 福島真人 2022『学習の生態学：リスク、実験、高信頼性』ちくま学芸文庫、本書5－6「失敗による学習」参照

[8] 本書4－3「越境学習」参照

仮に自身の部署で成功しても、組織全体の新規ルーチンを形成するには、部署間の関係性の再構築も含めて経営層のコミットメントと部門間連携が必要になる。

ダブルループ学習を含む、より高次の学習に求められる環境や施策については、センゲ（Peter M. Senge）が**5つのディシプリン**として、以下を挙げている。[9]

自己マスタリー：組織メンバー自身が真に望む目的やビジョンの探索と実現に取り組み、新たなプロセスを創出し続けること。

メンタルモデルの克服：日々の業務での行動や思考に強い影響を与える固定観念（前述の「使用理論」）を内省し、改善を続けること。

共有ビジョン：新たな価値観やビジョンを理解し共有すること。

チーム学習：共通の目標の下で、異なる責任や役割をもつメンバーが対話を通して困難を乗り越える物語をともに創り上げること。

システム思考：新たな学習活動が既存の部署間の関係性に与える影響を理解し、問題の発見と解決策を共創的に編み出すこと。

高次の組織学習に関しては、業務遂行上の役割や権限に制約のある組織メンバー（特定部署に埋め込まれた存在）の挑戦だけでは困難であり、経営層のコミットメントも含め、多様なメンバーの積極的な相互作用が求められる。このため、日々の効率的実践を一旦猶予して、探索的実践を許容する学習環境の設計と施策が不可欠である。[10]

（伊東昌子）

［9］Senge, P. M. 1990 *The fifth discipline: The art and practice of the learning organization.* Doubleday/Currency.（センゲ／枝廣淳子・小田理一郎・中小路佳代子（訳）2011『学習する組織：システム思考で未来を創造する』英治出版）

［10］組織学習に関わる理論を活用して組織に新たな学びを導入・推進した例として、伊東昌子 2021「脱コモデティ化のための組織学習：ユーザ経験アプローチとしての人間中心設計の導入」『成城大学経済研究所研究報告』No.93, 1–30.

5章　「コミュニティ×潜在」
——共同体の変容 exploring

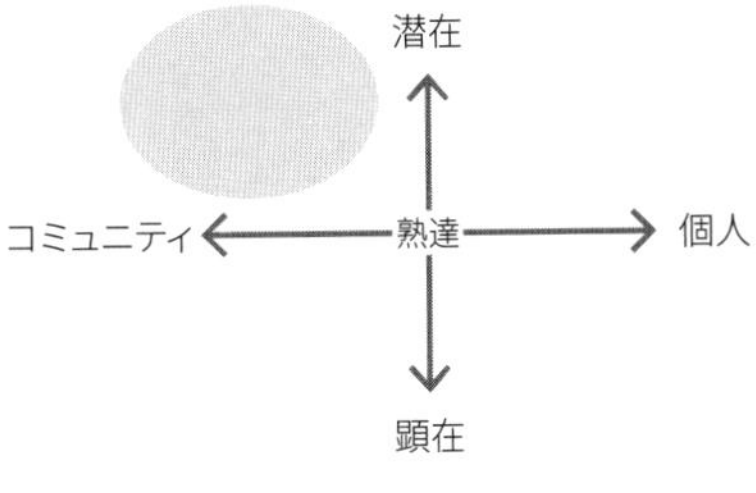

5-1 知恵・技能の継承を支える学習

歴史の生成の問題を伴う日常的学習

■歴史性とローカル性を備えた伝統的実践

伝統工芸、伝統芸能、古くからの地域的慣習や祭事など、日本国内にはさまざまな**「伝統的実践」**がある。こうした伝統的実践は、過去のある時点までは「特別なもの」として認識されていなかったものがほとんどである。例えば伝統工芸は、もともと各地域の職人たちが生業として行っていた地場産業で、明治以降の西洋文化の流入や機械工業の普及などを経て歴史的価値を認められるようになったものである。[1]「伝統的」というラベルは後から付与されたもので、各実践はそれ以前からその地域で生きる人々にとっては普通の実践として存在し、引き継がれていた。

ではさまざまな実践が「伝統的」と呼ばれるための条件は何だろうか。例えば伝統工芸には1974年に成立した「伝統的工芸品産業の振興に関する法律」を根拠とする国の「伝統的工芸品」の認定がある。伝統的工芸品として満たすべき要件が記載されたこの法律の第2条には、次のような文言がある。「伝統的工芸品の指定は、当該伝統的工芸品の製造に係る伝統的な技術又は技法及び伝統的に使用されてきた原材料

［1］林部敬吉・雨宮正彦 2007『伝統工芸の『わざ』の伝承：師弟相伝の新たな可能性』酒井書店

並びに当該伝統的工芸品の製造される地域を定めて、行うものとする」[2]。つまり、伝統的工芸品の認定ではその製品やものづくりを特徴づける技能や材料に歴史が認められるだけでなく、その特色あるものづくりが特定の地域と紐づいていることもまた重要な要件になっているのである。

また『大辞林』であらためて「伝統」を引いてみると、そこには「ある集団・社会において、歴史的に形成・蓄積され、世代を超えて受け継がれた精神的・文化的遺産や慣習」とも記載されている[3]。つまり、伝統という言葉は、そもそも特定の集団や社会との結びつきと、世代を超えた継承という2つの意味を含んでいるのである。これらを踏まえると伝統的実践は、世代を超えて継承される過程で強い**歴史性**や**ローカル性**が認められるようになった特定の地域や集団の産業や芸術、慣習だと定義できるであろう。

■ローカルな伝統的実践の継承プロセス

伝統的実践を継承することは第三者から見れば特別な選択や決定のようにも感じられるが、実際の担い手から見れば必ずしもそうではない。例えば現代の伝統工芸の職人には幼い頃から親を手伝い、家業を引き継いだ者もいれば、もともとその地域の出身ではなく、後から工芸品やものづくりに憧れて職人になった者もいる[4]。どちらの場合であれ、職人になることはそのものづくりを、本人にとって当たり前の生活の一部

［2］この法律の文言では、何らかの技術・技法や原材料の使用が「伝統的」と認定されるための明確な基準は記載されていない。しかし前掲書［1］や伝統工芸を紹介するウェブサイトなどでは、産地の技法や原材料はおおむね100年以上は使用されている必要があると記載されている。

［3］松村明（編）2019『大辞林 第四版』三省堂

［4］松熊亮 2020「"Becoming a practitioner"から"Becoming a person"へ：伝統工芸従事者の自己実現の検討」『首都大学東京心理学研究』30, 9–19.

として引き受けることにほかならない。伝統的実践の継承は、実際にそれを担う人々から見れば当該の実践を「日常」として引き受け、持続させるプロセスなのである。

ローカル性を一つの特徴とする伝統的実践では、レイヴ（Jean Lave）が日常的認知研究や**正統的周辺参加**を通じて論じた「**実践における／としての学習**（learning in/as practice）」の特徴が強く見られる。[5] 伝統的実践の継承では、その実践を特徴づける技能や様式が新たな世代に引き継がれる必要があるが、その「習得過程」が実践から過度に切り離されたり、習得それ自体が目的化したりすることは少ない。[6] 例えば伝統工芸や伝統芸能では最初から売り物の製造や舞台上の役を任されることはなく、まずは「見習い」のような修行期間からはじまる。見習いの存在は当該の伝統的実践の営みの中に組み込まれており、見習いは見習いなりの仕事を任されながら実際の現場に触れるケースも多い。見習いから一人前への移行は、その伝統的実践に所属する過程ではなく、その伝統的実践の中での役割が変化する過程だといえるのである。

また伝統的実践の継承において技能や様式の「習得」や「保持」はゴールではなく、実践を持続するうえでの必要条件である。例えば伝統芸能では表面的なかたちの模倣ではなく、実践者自身がそれらのかたちの意味を生成し、自らの主体的表現に昇華していくことが求められる。[7] そのため、新しく実践の担い手になる弟子に対して、師匠はさまざまな言語表現や身振りを通じて表面的なかたちの先にある事柄を示し、より深い理解を促そうとする。師匠は、弟子を実践の伝統と結びつける「媒介者」な

［5］Lave, J. 2019 *Learning and everyday life: Access, participation, and changing practice*. Cambridge University Press.

［6］前掲書［5］や Lave, J., & Wenger, E. 1991 *Situated learning: Legitimate peripheral participation*. Cambridge University Press.（レイヴ、ウェンガー／佐伯胖（訳）1993『状況に埋め込まれた学習：正統的周辺参加』産業図書）などでレイヴは「知識」や「学習」があたかもそれ自体存在するように物象化され、議論されている状況に疑問を投げかけている。この観点からすれば、そもそも「技能」や「様式」という表現を用いて一旦伝統的実践の一部を切り取ること自体、日常と学習の本来的な関係を逆転させてしまっているといえるかもしれない。本書4－2「正統的周辺参加」参照

［7］生田久美子 1987『「わざ」から知る』東京大学出版会

のである。[8] こうした助けを借りながら、弟子や見習いは、表面的な技能や様式だけでなく、実践に対する感覚や心がけ、価値観をも学んでいく。例えば、地域の決まった年齢の人々が運営を担う長野県野沢温泉村の道祖神祭りでは、見習いから運営の中心へと移行していく過程で、人々は祭りの準備のための技術だけではなく、できあがった縄結びなどに対する審美眼も身につけ、祭りを運営するうえで自分が果たす役割を理解して動くようになる。[9] こうしていわば「心技体」のそろった実践の担い手が新たな世代の中で生まれ、伝統的実践は現在へ、そして未来へと引き継がれていくのである。

この継承過程の中で各伝統的実践の技能や様式も、その都度問いなおされ、変化する。例えば、歌舞伎では1980年代に派手な立ち回りや宙返りなどの躍動感の高いスーパー歌舞伎がはじめられ、近年は漫画やゲームを原作とする演目も上演されている。技能や様式の継承に関する仕組みも時代の中で変化している。例えば、伝統工芸では昔は住み込みや無給または給料の安い雑用などが技能習得を支える仕組みとして機能していた。しかし、雇用に関する法整備が進んだ現代で、このやり方は不可能である。またこれまで製造に関わる技能がマニュアル化されてこなかった日本酒の酒造業界ではある世代の不足などを背景にした技能喪失が問題となり、熟練者の技能のある部分を言語や数値に変換して保存していくことも検討されている。[10] 伝統的実践の技能や様式は決して固定的なものではなく、各時代の人々がその都度実践を継続させよ

[8] 竹内一真・やまだようこ 2014「伝統芸能の教授関係から捉える実践を通じた専門的技能の伝承：京舞篠塚流における稽古での「こだわり」に焦点を当てて」『質的心理学研究』No.13, 215–237.

[9] 榎本美香・伝康晴 2020「共同体『心体知』の学習：共同参与から学ぶ成員の心がけ」『社会言語科学』23(1), 69–83.

[10] 梅本勝博・妹尾大 2001「酒造りとナレッジ・マネジメント」『日本醸造協会誌』96(8), 500–505.

うとする動きの中で絶えず変化しているのである。

■伝統的実践における「歴史」の生成の問題

さらに伝統的実践は、歴史や伝統が人々によって日々形づくられているプロセスであることも再認識させてくれる。例えば、伝統的実践には、先にも例示したスーパー歌舞伎のような第三者的に見ても大きな様式の変化が浮かび上がることがある。スーパー歌舞伎は少なくとも創始者である三代目市川《いちかわ》猿之助《えんのすけ》からは「歌舞伎」の一つとして提案されたものであり、保守的な役者や観客からの批判があったにせよ、現在は歌舞伎の伝統の流れに位置づけられている。よく考えると、こうした大きな変化がそれまでの伝統の延長に位置づけられることは、それ自体興味深いことである。

そもそも伝統的実践では、外から見れば何の変化がなく見えても、それらを担う人々の中では常に伝統の確認や再解釈の問題が生じている。伝統的実践を担う人々は制度化された慣習、師匠や年長者、先人の残した作品や言葉などさまざまなものと照らし合わせながら自らの行いが実践の伝統の延長に位置づくかどうかを日々確かめている。「伝統」の継承は、このようにさまざまな手がかりを用いて人々が実践の過去のありようへとアクセスし、自ら実践の歴史を再生産する過程にも支えられている。過去への能動的なアクセスは、現在のコミュニティにおける役割だけではない、時間的な流れにおける自己存在というアイデンティティの軸を提供する。またこの歴史の能動的な生成過程は、人間は人から人への伝承がある世代で途切れてしまった過去の実践を、再度「復活」させることも可能にする[11]。

ローカル性を一つの特徴とする伝統的実践は、「学習」を日常的実践の一側面として捉えなおすことを促し、人間の日常的実践の再生産や変化のメカニズムへと導いてくれる。また同時に、伝統的実践の歴史性という特徴は、そこで生きる人々の「過去」へのアクセスや伝統の問い直しを促し、私たちに歴史的存在としての人間の「学習」の問題を提起している。

〔松熊 亮〕

〔11〕竹内一真 2020「杉原紙の復活から捉える不在の先行世代との関係性の構築プロセス：実践共同体の再構成に物語が果たす役割」『質的心理学研究』No.19, 214–230.

5-2 時間を越えた学習

■時間を越える/時間が越える

「時間を越える」は、とても重要な概念である。しかし同時に、誤解を招きやすい表現でもある。かつて、「現在・過去・未来…♪」と歯切れよく歌う唄があった。けれど、現在・過去・未来は、決して、この歌詞のように、きれいに3つに分断されているわけではない。むしろ、それらは相互に折り重なりあっている。

「学習マッピング」を構成する重要軸の一つ「潜在-顕在」における潜在とは、単なる不在ということでは、もちろんない。潜在とは、むしろ存在の一種である。これは「時間」にもあてはまる。具体的に言えば、現在の中に過去や未来が存在しないわけではない。過去や未来は、——潜在化されてはいるが——現在に滲み出して存在している。同様に、過去の中に現在が存在しないわけではない。過去から展望された未来という形で先取りされて、現在が過去において——潜在化されてはいるが——存在している。あるいは、未来の中に現在が存在しないわけではない。未来から回顧された過去という形で後を引いて、現在が——潜在化されてはいるが——存在している。

以上を踏まえると、「時間を越える」は、孤立した3つの点としての現在・過去・未来を「ブリッジング（架橋・接続）」するというイメージで理解すべき概念ではない。そうではなく、融通無碍な3つの領域が（潜在的に）「オーバーラッピング（重合・共在）」しているというイメージで捉えるべきである[1]。言い換えれば、もともと、時間そのものが時間を越えている。つまり、「時間を越える」というより「時間が越える」のであり、だからこそ、「時間を越えた学習」も可能となる。

[1] 真木悠介（2003）『時間の比較社会学』岩波書店（岩波現代文庫）

■時間の断絶と喪の作業

「時間が越える」ことは、逆説的ではあるが、スムーズな時間の連続や推移ではなく、逆に、私たちが時間の断絶や切離を感じる出来事や体験によってむしろ浮き彫りになる。それは、個人レベルでは、災害、事故、犯罪などにより、大切な人が突然奪われる体験であり、社会レベルでは、戦争や革命など、それまでの社会のあり方を大きく揺るがす出来事、である。

かけがえのない人を突如亡くした人は、しばしば、「現実感がない」、「自分と周りの世界が切れたよう」と訴える。こうした訴えは、それ以前とそれ以後とが連絡を失い、本来、現在へと滲出《しんしゅつ》してくるはずの過去が不在となり、同時に、本来、現在に先取りされているはずの未来もまた不在となっているために生じている（潜在すらしていない）。例えば、親にとっては、わが子が昨日初めて自転車に乗れたという過去や半年後にはもう入学式であるという未来も現在へと滲出して、このいまの生を支えている。そうした時間のオーバーラッピングのほとんどが、突然の喪失により機能しなくなるのだ。

喪の作業とは、この深刻な時間の断絶を埋めて、「時間が越える」ダイナミズムを再生するための活動である。この作業は容易ではないが、道がないわけではない。一例をあげれば、災害遺族が語り部活動を通して自らの**ライフヒストリー**を他者に向けて語るとき、その活動は、災害体験の記録や学習に資するだけではなく、同時に、語りの当事者による喪の作業となっている場合も多い。[2] 例えば、地震による建物倒壊が原因でわが子を亡くした母親が、「あの子が、自分が生きていたことを多くの人に伝えてほしいと言っている」、あるいは、「クラッシュシンドローム[3]の怖さと対策を訴えたくて」と、自らのミッションを見定めて語り部活動に参加しているとしよう。このとき、この語りは、現在・過去・未来の間の連関を、子どもが存命であったときとは異なる形式で再編成する営みとなっている。

喪の作業を当事者が自分だけで実現するのは難しい。周囲の人の助けやその作業を後押しする社会の仕組みが不可欠である。しかも、ともに喪の作業――現在・過去・未来を新たな形でオーバーラッピングさせるための手助け――にあたることは、この後見るように、その出来事を直接体験していない人が、時間や空間を越えてそれについて学習することの根幹でもある。

[2] 矢守克也（2010）『アクションリサーチ：実践する人間科学』（新曜社）を参照。その第2部「震災体験の語り継ぎに関するアクションリサーチ」に収められた3つの章に、ここで紹介されている震災の語り部活動に関する詳しい報告と考察がある。

[3] クラッシュシンドロームは、家具や家屋の一部などによって長時間身体に圧迫が加えられた場合に生じる症状で、阪神・淡路大震災（1995年）の被災地、あるいは、JR福知山線脱線事故（2005年）の事故現場などで問題となった。

■記念碑と記念／祈念の営み

一見個人的な営みに見える喪の作業も、先に見たように、本来共同的な時間の再編作業だと言えるのだが、同じことを、**コミュニティ**や社会単位でより明示的かつ意識的に実践すると、**記念碑**などを核とした集合的な記念や祈念の営み、言い換えれば、過去の出来事に関する集合的な学習の過程となる。こうした学習過程においては、多くの場合、集合的に生成・共有・伝承される物語が重要な役割を果たす。物語は、しばしば指摘されるように、モノと語りに分解可能で、その源流部に、物理的なモノを前にしたモノに関する説き語り（解き語り）という原型を見いだすことができる。[4]

時間のオーバーラッピングを一時的にせよ破壊するような大きな出来事については、集合的な物語を介在させた「時間を越える」学びが重要な役割を果たす。記念碑はここで言うモノの代表物である。記念碑が置かれたその空間でかつて生じた出来事をめぐって、その由来や意味を解き（説き）明かす**ストーリー**が語られ、また人々によって聞かれる。モノ（記念碑）を共同注視する体験と、モノを目前に置いてストーリーをともに語り聞きあう体験が、その出来事に関する共同学習を促進する。

「失われた街模型復元プロジェクト」は、そうした集合的な記念の営みの典型的な事例である。東日本大震災の被災地で実施されたこのプロジェクトでは、被災前のその土地の様子がジオラマ（記念碑に相当するモノ）として再生される。[5] 重要なことは、ジオラマ制作のプロセスで、その土地にまつわる「つぶやき」が大量に生まれること

[4] 住友和子編集室（編）（1999）『道具の心理学：いまモノ語りが始まる』ＬＩＸＩＬ出版

[5] 失われた街模型復元プロジェクト（2011）「東日本大震災復興支援「失われた街」－LOST HOMES－模型復元プロジェクトホームページ」https://losthomes.jp/

である。ある場合には、「この角には小さなお菓子屋さんがあってね」、「そうだったんですね」など、被災者と模型制作にあたるボランティアの学生との間で、またあるときには、「10円とか子どもでも買える駄菓子がたくさんあった」、「私たちの頃は、駄菓子はもうなくて、アイスクリームが名物だった」など、その土地の人同士で多数のストーリーが生まれ共有される。

容易にわかるように、このプロジェクトでは、外部者は、災害の前・後の落差と断絶の大きさを知ることで被災の衝撃を体感し、それを通して未来の災害への備えや警戒の大切さを学習することもできる。同時に、被災した当事者には、懐かしい場所や出来事について相互に語らう癒しの場が提供されるとともに、街の再生へ向けた意欲を高め、そのための道筋をつける効果をもたらす。「失われた街模型復元プロジェクト」は、モノと語りの共同創出を通して時間を越えた学習を推進するのである。

■「クロスロード」：ストーリーの交差点

「クロスロード」は、阪神・淡路大震災の体験者を対象としたインタビューを通して得られた膨大な量の体験語り（ストーリー）をもとに作成された、ワークショップ形式の防災学習ツールである。[6][7]「クロスロード」とは、原義の「分かれ道」や「交差点」から転じて「重要な決定」を指す。「クロスロード」では、被災地によく見られるジレンマ――「あちらを立てればこちらが立たず」の構造をもつ矛盾や葛藤――

[6] 矢守克也・吉川肇子・網代剛（2005）『防災ゲームで学ぶリスク・コミュニケーション：クロスロードへの招待』ナカニシヤ出版

[7] 矢守克也・GENERATION TIMES（2014）『被災地デイズ：時代QUEST』弘文堂

が提示される。ゲーム参加者（主に災害の未体験者）は、二者択一の設問に「YES」または「NO」の判断を下すことを通して、防災を「他人事」ではなく「わが事」として考え、同時に相互に意見を交わす。

時間を越えた学習という観点からポイントになるのは、「クロスロード」が、2群のストーリーをつなぐ接続ツールになっていることである。1つめのストーリーとは、「クロスロード」の設問のベースとなっている、災害の体験者による過去の災害に関する語りである。体験者の語りは設問の背景となるストーリーとしてワークショップの場に提示されるほか、その場に参加する体験者から直接与えられることもある。もう1つのストーリーとは、ワークショップの場で主として未体験者が互いにぶつけあう未来の災害に関する語りである。「クロスロード」を通じて、未体験者は未来を先取りするストーリーを語り、体験者は過去を回顧するストーリーを語り、両者が「クロスロード」において文字通りクロスする（出会う）ことになる。[8]

この意味で、「クロスロード」もまた、現在・過去・未来のオーバーラッピングを効果的に推進するツールであり（現在・過去・未来の適切な「潜在－顕在」化）、同時に、それがなければ隔絶され孤立していたかもしれない人々を相互にリンクし、集合的な学びを担保するツールだと言える（「個人－コミュニティ」の媒介）。

〔矢守克也〕

[8] 矢守克也（2022）「ナラティヴ論の視点に立った防災・減災研究と復旧・復興研究との融合」『災害情報』20(1), 41-50.

5-3 コミュニティを超える学習

言葉がつなぐインターローカリティの実践

■学習を捉える枠組みの拡張

学習について考えるとき、通常、前提となっている2つの枠組みがあるように思われる。第一に、学習とは、個人の行動（あるいは頭の中）に生じる何らかの変化であり、第二に、あらかじめ設定された何らかの基準や目標に到達することである。実践コミュニティに焦点を当てて学習を捉えるアプローチ[1]においても、そのコミュニティの中核的な成員になることが学習のゴールとなっている。

これらの2つの枠組みを広げてみると、新たにどのような視座が開かれるだろうか。つまり、コミュニティ、さらには他のコミュニティとの関係に目を向け、新しい活動や価値の創造[2]として学習を捉えてみるのである。本稿では、杉万俊夫《すぎまんとしお》を中心とする研究グループによって行われてきた鳥取県智頭町《ちづちょう》における一連の研究[3]をもとに、「コミュニティを超える学習」を、言葉を媒介とするインターローカリティの実践として位置づける。有元典文《ありもとのりふみ》は、学習は、観察という実践によって作られる社会的な事象であり、変化を捉える観察者がいて初めて学習となると述べている[4]。そこで、観察

[1] Lave, J., & Wenger, E. 1991 *Situated learning: Legitimate peripheral participation*. Cambridge University Press.（レイヴ、ウェンガー／佐伯胖（訳）1993『状況に埋め込まれた学習：正統的周辺参加』産業図書）

[2] エンゲストローム（Yrjö Engeström）は、現在行われているある活動を脱構築し、新しい活動を創造するタイプの活動を、「学習活動」と定義している。Engeström, Y. 1987 *Learning by expanding: An activity-theoretical approach to developmental research*. Cambridge University Press.（エンゲストローム／山住勝広ほか（訳）1999『拡張による学習：活動理論からのアプローチ』新曜社）、本書4-3「越境学習」参照

[3] 研究者（杉万）の視点からまとめられたものとして、杉万俊夫（編著）2000『よみがえるコミュニティ』ミネルヴァ書房、当事者の視点で書かれたものとして、寺谷篤志（編著）2021『ゼロイチ運動と「かやの理論」：鳥取県智頭町：

者としての研究者が、コミュニティの実践と学習に果たす役割に焦点を当てて論じることにする。

■鳥取県智頭町の活性化運動

智頭町は、鳥取県の東南部に位置する中山間過疎地域である。1960年代から過疎化が進み、1955年には1万4643人あった町の人口は、2023年8月現在は6329人、高齢化率は44・66パーセントとなっている。6つの旧町村（現在は地区）が合併してできた町であり、各地区は10から25（町全体で89）の集落からなる。

智頭町の住民による活性化運動の始まりは1984年、のちのリーダーとなる二人の出会いにさかのぼる。二人はすぐに意気投合し、共鳴する少数の仲間とともに、1985年からの5年間に、町の名産品である杉の高付加価値化をねらった事業を次々に展開した。運動は、住民からの無視や冷淡な視線、あからさまな圧力を受けながらも少しずつ拡大していく。1988年に約30名の有志による「智頭町活性化プロジェクト集団（以下、CCPT）」が結成され、それまでの杉を使ったものづくりから人づくりへと活動の軸をシフトする。その一環として外部の研究者や知識人を招いて学びあう場が作られ、杉万は1993年に講師を務めたことをきっかけに、町に関わることになった。CCPTの活動は行政にも浸透し、郵便配達員が役場や病院などの協力を得て独居老人に在宅福祉サービスを提供する「ひまわりシステム」や、次に述

グループ・ダイナミックスの実践&論文集』など、多数の著書や論文がある。

［4］有元典文 2013「学習という観察」『認知科学』20, 281–282.

べる「**ゼロ分のイチ村おこし運動**（以下、ゼロイチ運動）」などの施策が誕生した。
ゼロイチ運動は、集落（村）を単位として住民自治を育むというねらいのもと、住民が主体となり長期的な視野をもって自らの集落の特色を一つだけ掘り起こし、10年という期間で村の宝（誇り）づくりに取り組むものである。「ゼロ分のイチ」という名前は、ゼロ（無）からイチ（最初の有）を創造するという無限の跳躍を意味している。1997年に始まったこの運動は、全戸からの賛同と年会費が必要とされるなど厳しい参加の条件が設けられていたが、初年度は7集落、最終的には15集落が参加した。

多くの集落が10年間の期限を迎えた2008年から、地区を単位とするゼロイチ運動が新たに始まる。また時を同じくして、住民が政策の立案と実行に参加する「百人委員会」が、町長によって立ち上げられた。百人委員会での提案から始まった事業の一つに、「森のようちえん・まるたんぼう」があり、多くの移住者の呼び込みにつながっている。[5] 住民参加の町づくりの火は、40年近く経ったいまも、消えることなく続いている。

[5] 森のようちえん・まるたんぼうが作られた経緯については、以下の論文にまとめられている。樂木章子 2022「森のようちえんを住民自治運動の歴史に位置づける試み：鳥取県智頭町の事例」『集団力学』39, 3–20.

■研究者がフィールドに果たす役割

杉万らは、フィールドに頻繁に足を運び、運動に並走しながら、関係者への聞き取りや住民全員を対象とするアンケート調査を行った。調査の結果は、理論的に意味づけられた「物語」となって、フィールド内外の人々に届けられる。研究者は、コミュニティの中で当事者とともに変化を起こしながら観察を行い、その変化を可視化・言語化し、意味づけることで、コミュニティの学習を作りだしてきたと言えるだろう。

研究者が紡いだ物語はまず当事者に読まれ、当事者は自分たちが何を行っている（きた）かを客観的に振り返ることになる。例えば、ゼロイチ運動に取り組む集落での二度のアンケート調査では、住民が今後の活動を考える手がかりとするため、10年間の運動がもたらしたインパクトが検証された[6]。このような過程で、外部者と当事者の視点、当事者同士の思いや見方のずれが明らかになることも多いが、ずれは必ずしも否定的なものとは限らない。さらなるコミュニケーションのきっかけとなり、新たな理解につながっていく場合もある[7]。

研究者は、理論的な視点や概念をフィールドに持ち込む。これらの概念は、現場の人々に取り込まれ、起きている事象や自らの実践を意味づける言葉として使われるようになる。例えば、リーダーの一人は、杉万が集団について説明するのに用いた「かや（蚊帳）」という概念との出会いを、「衝撃」であり、「目から鱗」だったと述べている。「ゼロ分のイチ」という名称も、もともとは、杉万より先に智頭町に関わっていた別の研究者による言葉である。ただし、研究者が用いる概念や理論は、限定された特殊なネットワークの中で生み出されてきたものであるため、研究者はいかに現場の人々にわかるように伝えられるかが試される。その中で、研究者自身の言葉がブ

[6] 高尾知憲・杉万俊夫 2010「住民自治を育む過疎地域活性化運動の10年：鳥取県智頭町「日本・ゼロ分のイチ村おこし運動」」『集団力学』27, 76–101.

[7] 一例として以下の論文を参照。東村知子 2006「アクションリサーチにおける質的心理学の方法によるセンスメーキング：町村合併で翻弄された過疎地域活性化運動の再定位」『心理学評論』49, 530–545.

ラッシュアップされていくことになる。
研究者が果たす以上の役割は、**言葉の贈与**[8]を通した実践への貢献と言い換えることができるだろう。研究者が持ち込んだ言葉を現場の人々が用いて自らの過去や現状を理解することは、コミュニティの未来を創りだすための鍵となる。言葉は、研究の世界から持ち込まれるだけではない。もともと現場で用いられていた言葉に、新たな意味が見いだされたり、付与されたりすることもある。[9]
言葉はその現場の内部にとどまることなく、他の現場やコミュニティへと伝播していく。このことを、杉万は「**インターローカリティ**」と呼ぶ。あるフィールドから発信される言説は、まずもって、そこで起こっている出来事をより深く理解し、実践を推し進めていくために、当事者と研究者がともに生み出してきたものである。したがって、その根を断ち切って他の現場にそのままあてはめようとしても、あまり意味をなさない。しかし、その言説が触媒となり、他の現場で新たな意味や理解を生み出し、実践や研究を駆動させることがありうる。インターローカリティとは、あるローカル（現場）から別のローカルへ、ある現場の研究者と当事者から別の現場の人々に向けて、物語や言葉の贈与がなされることである。

■「コミュニティを超える学習」が照らし返すもの

本稿では、コミュニティを超える学習を生み出す観察者（研究者）の役割として、

[8] 贈与およびその対となる略奪という概念の詳しい説明は、以下を参照。杉万俊夫（編著）2006『コミュニティのグループ・ダイナミックス』京都大学学術出版会

[9] 杉万 2000（前掲書［3］）には、ある集落における「総事（そうごと）」という言葉の例が紹介されている。

言葉の贈与について述べてきた。ガーゲン（Kenneth J. Gergen）は、個人を関係によって生み出される存在、あるいは関係の合流点として捉える「**関係規定的存在**」という見方を提案している。[10] 研究者がフィールドに入って研究を行うとき、現場での人々との関係（必ずしもポジティブなものとは限らない）を通してさまざまな気づきを得る。研究者が大学などに戻って他者と関わるとき、そうした気づきは他者とのやりとりに少なからず影響を与える。そうした影響は、その人を介して、また別の他者へと広がっていく。このように考えるならば、これまで個人の行動（や頭の中）の変化として捉えられてきた学習も、ある関係における変化であり、それは合流点である人[11]を介して他の関係へと伝播し、新たな変化を生じさせていくことになるだろう。

本稿で取り上げた地域コミュニティでは、いかに新たな実践（活動）を創造し、地域を変革していくかが目指されていた。新しい活動の創造は、既存の価値基準に合わせるのではなく、何がよい（目指すべき）状態かという**価値**をともに創りだし、あるいはつくり替えていく活動でもある。コミュニティを超えた関係の中で学習を捉えることは、個人からコミュニティへと視野を広げるにとどまらず、価値を創造するという側面を学習の概念に組み込み、それを拡張していくことにもなるのではないだろうか。

〔東村知子〕

［10］Gergen, K. J. 2009 *Relational being: Beyond self and community*. Oxford University Press.（ガーゲン／鮫島輝美・東村知子（訳）2020『関係からはじまる：社会構成主義がひらく人間観』ナカニシヤ出版）

［11］紙幅の関係でここでは十分に触れられないが、筆者はバフチン（Mikhailovich Bakhtin）の対話論などから、言葉（の意味）もまた、関係の合流点として捉えられると考えている。M・M・バフチン／伊東一郎（訳）1996『小説の言葉』平凡社

5-4 サブカルチャーにおける学習

愉しさと歓びのフィールドワーク

日常生活において、私たちは職場や学校、家庭といった比較的境界が明確なコミュニティだけではなく、趣味活動などのように境界が曖昧で流動的ながらも、共通の興味に衝き動かされた他者とともに実践するコミュニティにも参加している。香川秀太《かがわしゅうた》・青山征彦《あおやままさひこ》に倣えば、草の根的ながらも参与者の高い動機とともにあるフィールドにおいてもまた、「知識の交歓、互いの感性の刺激、快楽や苦労の共有、協働的な想起や思考、諸資源の交換や創造」といった学習の諸側面が観察される。[1]

サブカルチャーにおける学習を記述する場合、認知主義的なアプローチ[2]ではなく、何気ない会話、関係する人々、置かれた状況といった学習の文脈をつぶさに記述する**脱中心化方略**（decentering strategy）がとられる。ここでは、暴走族、断酒会、腐女子といったコミュニティをとりあげ、そこに参加するメンバーの学習現象を、彼ら彼女らが生活する社会的世界のさまざまな事物が織りなす関係の網の目の中に位置づけて理解していく。

[1] 香川秀太・青山征彦（編）2015『越境する対話と学び：異質な人・組織・コミュニティをつなぐ』新曜社

[2] コンピュータの発展とともに生じた、個人の頭の中の情報処理プロセスとして認知を捉え、個人の頭の中に新たな知識構造ができあがることとして学習を捉える視点。

■暴走族のエスノグラフィーから見る学習

サブカルチャーは、支配的で主流な文化に対抗するものとして一般的に語られることが多い。暴走族もまた、主流の文化や制度への対抗なしには、組織したり観察したりすることが難しいコミュニティとして理解しやすい。ここでは、暴走族における学習を、すでに存在するコミュニティへの適応や知識の内面化としてだけではなく、道具や語りを通した**意味の生成**や**アイデンティティ**の維持にかかわる現象として見ていく。このような観点は、都市民族誌の伝統をもつシカゴ学派に根ざした佐藤郁哉《さとういくや》の『暴走族のエスノグラフィー』(以下『暴走族』)の中に見てとることができる[3]。

活動理論[4]の思想には、私たちは道具を介して世界と関わっているという基本的な視点がある。『暴走族』にも、改造車やバイクといった道具をはじめとして、「紅蜥蜴《べにとかげ》」といった奇抜なグループ名、シンボルマークを印刷したステッカーやワッペン、「特攻服」と呼ばれる制服の使用など、さまざまな道具を用いて「目立つ」という活動の対象(目的)に働きかけていることが記述されている。

ただし、こうした道具がもつ文化的な意味を外見上の造りだけから理解することは難しい。『暴走族』によれば、グループに深く関与している若者たちは、暴走の最中やその合間に、クルマや単車とその改造について「駄弁《だべ》る」ことを楽しむ。そこで彼らは、外部の者が見ても価値をつかむことが難しいクルマの改造パーツなどを直接見て、触れることになる。こうして改造は、「歪んだ自己顕示欲」といった個人の心理

[3] 佐藤郁哉 1984『暴走族のエスノグラフィー：モードの叛乱と文化の呪縛』新曜社

[4] 人は道具(媒体)を通して世界と関わっているという見方。前掲書[1]の青山征彦「越境と活動理論のことはじめ」(pp.19–33)によると、私たちの記憶や業務管理といった目的(対象)は、活動を行う主体の頭の中のみではなく、例えばコンピュータやそのディスプレイの周りに貼られた付箋紙といった道具との組み合わせからなり、これら主体・道具・目的の三位一体関係を分析の単位とすることに特徴がある。

的特徴による説明では捉えきれない社会・文化的意味をもつこととなる。暴走族の若者たちは、消費社会のあり方と深くかかわりながら、商品《モノ》のもつ意味を組み合わせて、仲間内の文化の枠組みにおいて個性的だと評価される「目立つ」クルマを創る。[3]

さらに、モノの意味の理解を示すことは、コミュニティの**境界**とアイデンティティを可視化することにつながる。『暴走族』には、クルマやバイクがライフスタイルのテーマになっているものの、暴走族とは異なる改造パターンによって特徴づけられる「ライダー」や「街道レーサー」との境界についての語りが記述されている。それは例えば、「…族やなくてレーサーみたいなな。たまに暴走にも来てたけど、あれ、族とちゃうで。第一、クルマのカッコがちがう[5]」、「あのペッタン〔車高短〕の〔フェアレディ〕Z乗ってんの、横分け〔の髪型〕やないか![5]」といった語りに見てとれる。「ペッタン－横分けの髪型」とは、暴走族にとってチグハグな感じのする組み合わせである。暴走族のメンバー間では、暴走族風と表現できるイメージが共有されている。彼らが車や改造について語ることは、知識や技術の共有とともに、ダサい暴走族風の若者や街道レーサーといったコミュニティ間の関係や境界、**文化的距離**を示すことにつながる。[3]

■断酒会における語り方と学習

次に、**語ること**とアイデンティティの生成に焦点をあてる。松島恵介《まつしまけいすけ》は、「断酒会」

[5] 前掲書[3] p.91

のメンバーの過去の語り方の特徴に着目する。[6] 断酒会とは、自ら飲まない人たちが自主的に集まり、飲酒をめぐるつらい過去の出来事を語り続ける場である。

ここで特に注目したい点は、飲まないアルコール依存症者としてのアイデンティティと、彼らの自発的な想起の語りについてである。それは、「アルコールを飲むことに依存している者でありながら、アルコールを飲まない者であるという、相互に矛盾したアイデンティティの二重性から生じる語りである」[6]。断酒会では、飲まなくてもよい状態にするといった、導きたいゴール（結果）をあらかじめ決めて、そのための方法や手段（道具）を話し合うわけではない。むしろ、同じことを何度も繰り返し語り続けることが活動の中心となる。

松島によれば、断酒会のメンバーは、その都度の現在において「飲んだ」という同じ過去を繰り返し語り続ける。語られる過去が、文字や絵などの記録として外化されることは決してない。また一人の断酒者が語っているとき、他の断酒者は決して発言しないし、コメントもしない。彼らは、語りから抽象的な意味を見いだそうとしたり、語り手と語る内容を分離させて、語りの内容から何かを学ぼうとしたりはしない。つまり断酒会において過去は決して学習されるようなものではない。[6] 過去の出来事を頭の貯蔵庫に記録することや、記録の痕跡を正確に再生すること、過去を抽象化して意味・知識として内化したり、内化された知識から酒にまつわる教訓として理解したりすることのみを学習とみなすことは、断酒会のより豊かな側面を見えにくくする。

[6] 松島恵介 1996「「しない私」と「した私」：断酒的自己を巡るふたつ（あるいはひとつ）の時間について」佐々木正人（編）『想起のフィールド：現在のなかの過去』新曜社（pp.1–30）

断酒会参加者の語りをつぶさに観察すると、過去と現在の境界を曖昧なままにする、過去と現在が接近した語りがとられると言う（例えば、「…を飲んでしまいました」ではなく、「…を飲んでしまうんです」のような表現がそれにあたる）。このように語ることとは、単に過去の特定の事実を報告しているということではない。むしろ過去と現在が接近するよう語ることとは、**「飲まないアルコール依存症者」**としてのアイデンティティを断酒会において示しあい、それを維持する実践である。

■快楽と社会参加としての学習

自分が何者であるのかという感覚に変化が生じると、現実に対するものの見方や、コミュニティの見え方が変わっていくる。ここではさらに、腐女子やファンダムなどのサブカルチャーから、他者やさまざまなモノに**触発**されながら、既存の作品の読み替えを通して、意味をずらしていく実践に着目する。腐女子とは、一般に「ボーイズラブ」と呼ばれる創作物を愛好する人々を指すことばである。創作物にはアニメや漫画の原作の二次創作が多く、既存の作品の読み替え、コラージュ、パロディが含まれる。ヘンリー・ジェンキンス（Henry Jenkins）は、『スター・トレック』の登場人物であるカークとスポックの（原作にはない）性愛的な関係を描くスラッシュ・フィクション（二次創作）で遊ぶファンたちに着目する。[7] このような作品の再解釈を伴う実践は、テレビなどで放映された作品をただ受容するオーディエンスではなく、積極的

[7] Jenkins, H. 1992 *Textual poachers: Television fans & participatory culture*. Routledge.

に意味を生成する存在として着目されてきた。

ジェンキンスと伊藤瑞子（Mizuko Ito）、ボイド（danah boyd）は、ポップカルチャーのファンたちが自発的にコミュニティを形成し、集合的に知識を生み出す**参加型文化**を学習の文脈として描出している。[8]『スター・トレック』のスラッシュ・フィクションを愉しむ人たちであれ、『ハリー・ポッター』のファンダムであれ、オンラインゲーム『StarCraft II』で遊ぶ子どもや若者であれ、こうした参加型文化における快楽を通して、**社会参加**、**連帯**、学習へと誘う可能性の場が生成されると肯定的に記述されている。こうした参加型の場は、非公式的ながらニーズに応じてオンラインを中心に編成され、価値や関心がおかれる限り継続する。定期的に集まり交歓することで、興味に衝き動かされて理解が深まっていく。ただし、知識獲得や知識創造に重きを置くよりも、**情動**を取り巻く語りを発達させていくことに目が向く。このように、サブカルチャーにおける学習とは、愉しさや歓びという個々人の情動と結びつく。

伝統的な学習観は、学習主体が自ら発見する学習であろうと、他者との相互作用を通した学習であろうと、「学習者が知識を内化する過程」を学習としてきた。一方で、さまざまなモノに能動的に触発されながら、気づけばコミュニティの中でいっぱしに動いてしまっているのも学習である。サブカルチャーを学習の視点からフィールドワークすることは、私たちの行為を駆動する愉しさと歓びの記述へとつなげる。

〔岡部大介〕

[8] Jenkins, H., Ito, M., & boyd, d. 2016 *Participatory culture in a networked era*. Polity Press.

5-5 組織における学習

組織における学習は、「組織に属する個人の学習」と「組織の学習」に大別できる。[1] 転職市場の拡大が見込まれる現在、個人の学習だけに注力している組織は足をすくわれる可能性が高い。組織を学習主体とおく組織学習の議論は、アージリス[2]（Chris Argyris）とショーン[2]（Donald Schön）、そしてセンゲ[3]（Peter M. Senge）などの研究者によって発展してきた。そして、野《の》中《なか》郁《いく》次《じ》郎《ろう》の「組織的知識創造理論」を出発点とするナレッジ・マネジメント分野によって、知識の獲得、共有、活用、蓄積のプロセスに光が当たった。これは、個人レベルの学習にとどまらない。集団、組織、社会という異なるレイヤー間を連結する活動である。[4] この組織的知識創造活動の促進要因として挙げられているのが、「場」である。

■野中の「場」

場とは、野中が提唱する組織的知識創造理論を構成する概念の一つである。[5] 知識を「暗黙知」と「形式知」という2つのタイプに還元し、互いに成り変わる相互循環プ

[1] 本書4-5「ダブルループ学習」参照

[2] Argyris, C., & Schon, D. A. 1995 *Organizational learning II: Theory, method, and practice.* Addison-Wesley.

[3] P・センゲ／守部信之ほか（訳）1995『最強組織の法則：新時代のチームワークとは何か』徳間書店

[4] Wu, Y., Senoo, D., & Magnier-Watanabe, R. 2010 Diagnosis for organizational knowledge creation: An ontological shift SECI Model. *Journal of Knowledge Management, 14*(6), 791–810.

ロセス「SECI《セキ》モデル」で知識創造を表現する（図1）。SECIモデルは、①共同化（socialization）、②表出化（externalization）、③連結化（combination）、そして④内面化（internalization）の4つのモードで構成されている。図1の左上の共同化は、個人と個人が共同体験によって暗黙知を共有するモードである。右上の表出化は、個人や集団がメタファー（隠喩）や対話を通じて暗黙知を形式知に変換するモードである。右下の連結化は、形式知の抽象度を高めたり、形式知同士を組み合わせたりして新しい形式知を創造するモードである。左下の内面化は、実践と内省を通じて形式知を暗黙知に変換するモードである。この理論は、経営学のナレッジ・マネジメント分野で普及しており、多くの研究と実践で用いられている。

場は、文脈共有の動的関係性（shared context in motion）であり、場の状態や、場と場の結合具合が知識創造に影響を及ぼす。野中は、新たな意味形成には異なる文脈をもつ個人間の対話が必要であるとし、場を組織の主要素と捉えている。場は企業内部のみならず、企業の境界を越えて顧客や供給業者や地域社会などとの間にも出現する。

経済成長期で需要が拡大し生産活動が重視された時期の企業組織において、仕事の多くは情報処理であった。しかし、現代の企業組織に求められているイノベーションの源泉となるのは、**知識創造**である。新たな知識の創造によって、製品やサービス、組織やビジネスモデルが出現する。知識創造型の組織では従業員をモニタリングすることよりも場づくりのほうが重要であるといわれる。知識創造は偶発的な側面が強

図1　組織的知識創造理論のSECIモデル（野中・竹内, 後掲注［5］）

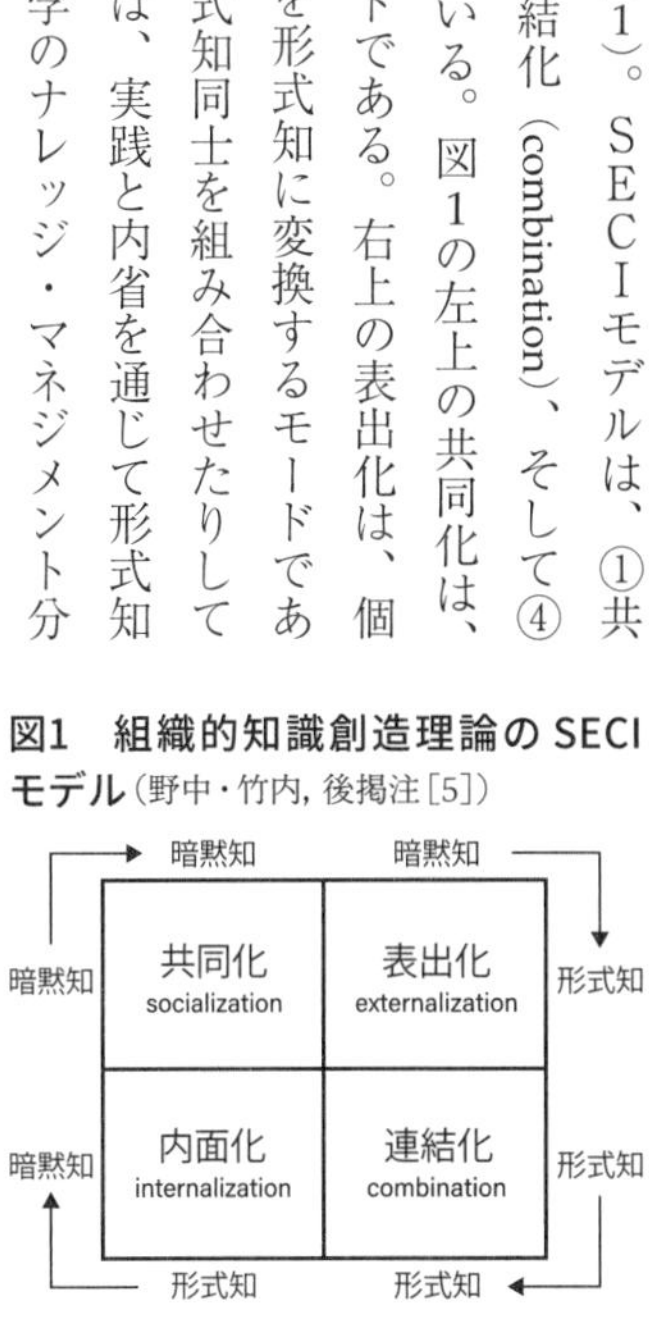

［5］野中郁次郎・竹内弘高／梅本勝博（訳）1996『知識創造企業』東洋経済新報社、および Nonaka, I., & Toyama, R. 2015 The knowledge-creating theory revisited: Knowledge creation as a synthesizing process. In J. S. Edwards (Ed.), *The essentials of knowledge management* (pp.95–110). Palgrave Macmillan.

く、直接的な管理や監視の効果が出にくいプロセスであるため、場を創出するという間接的なアプローチのほうが有効であると考えられる。

組織のマネジャーが実践する具体的な場づくりの例は、共通体験と共通言語をつくることである。マネジャーは日々の業務とは異なるシチュエーションを人為的につくることで、組織成員一人ひとりの価値観や思いを表出させ、共感や共有を醸成し、関係性と相互作用による化学変化を組織にもたらすことができる。文脈共有の関係性である野中の場は、場所（空間）と異なり存続時間が短い。オフィスに交流空間を設置する活動が「場づくり」と称されることがあるが、これは正確にいえば野中の場をつくっているのではなくて「場所づくり」である。交流空間そのものは設置後数年間持続することもあるが、交流空間で生じる関係性は通常は数分間から数時間しか持続しない賞味期限の短いものである。

■経験学習

経験学習（experiential learning）は、経営学では主として能力開発の分野で研究されてきた。人材の能力・技能を高めるのに有効な学習スタイルを特定したい、という問題意識に基づいている。よく知られているのが、コルブ（David A. Kolb）の経験学習モデルであり、これは①具体的な経験（concrete experience）、②内省的な観察（reflective observation）、③抽象的な概念化（abstract conceptualization）、そして④積極的な実験（active experimentation）の４つのステップからなるサイクルである。[6] 経験学習モデルは母体である認知心理学だけではなく、経営学そして教育学や看護学などの幅広い分野の研究で使用されている。「経験」の広義の定義は「主体と環境との相互作用」であり、「学習」の広義の定義は「経験による行動変容」である。コルブによる学習の定義は、「経験を変換することで知識を創りだすプロセス」である。知識の変化に着目している点で、行動主義心理学の刺激反応理論とは一線を画している。

野中の組織的知識創造理論とコルブの経験学習モデルの共通点は、①知識の変化に着目している点、②個人間の差異（野中では暗黙知、コルブでは内省）を前提としている点、そして③線形でなく循環プロセス（実際には螺旋状のスパイラルアップ）を想定している点である。このことは、過去の経験学習で得た知識がその後の経験の解釈を変化させうるということであり、**メタ認知**（metacognition）の概念で説明できる。メタ認知は、個別の認知活動を制御する高次の認知能力である。自身がどのように認知をしているかを、あたかも他者が外部から眺めているようにするメタレベルでの認知活動が、自身がもっている認知枠組みの変更を可能にする。

横山拓《よこやまたく》と鈴木《すずき》宏昭《ひろあき》は、**メタ学習**（meta learning）という概念を用いて学習を整理している。[1] 所与の枠組みの範囲内で生じる学習を「０次の学習」とし、新しいものの見方ややり方を生み出すような学習を「１次の学習」とする。そして、未知のさまざまな問題に対して、その都度新たなものの見方や手続きを生み出したり、修正したりで

［6］Kolb. D. A. 1984 *Experiential learning*. Prentice Hall.

きるようになるという学習を「メタ学習」という。問題に応じて1次の学習がおこりやすくするような学習がメタ学習である。経験学習のこれまでの整理は、低次学習と高次学習、シングルループ学習とダブルループ学習というように2つの次元が用いられてきたのだが、メタ学習の概念によって3つめの次元が導入された。[7] 変化が常態化している現在の事業環境にさらされている組織のマネジャーにとっての、新たな手がかりが補充された。

経験学習モデルおよび経験学習をめぐる研究に対しては、個人的経験を重視するあまり、社会的な側面を見落としているのではないかという批判が寄せられてきた。経営学における熟練の議論も、初心者が熟練者へと徐々にレベルを上げていく段階説（個人の成熟）が現場では多く採用されてきた。このことの背景には、個人に紐づく資格制度との結びつきがあると思われる。

この社会的な側面の見落としを補完する議論が、実践コミュニティ論である。レイヴ（Jean Lave）とウェンガー（Étienne Wenger）の正統的周辺参加の概念[8]は、学習についての新パラダイムを提示した。学習を個人の知識獲得としてではなく、新参から古参となって集団活動に関与していくプロセスと捉えている。上野直樹《うえのなおき》は、「頭の中に何かができあがるプロセス」や「身体に何かが刻みつけられること」ではなく、「実践コミュニティへの参加」や「リソースへのアクセスの組織化のあり方」として学習を分析している点が、実践コミュニティ論（状況的アプローチ）の特徴であると

[7] 横山拓・鈴木宏昭 2018「洞察問題解決におけるメタ学習」『認知科学』25(2), 156–171.

[8] J・レイヴ、E・ウェンガー／佐伯胖（訳）1993『状況に埋め込まれた学習：正統的周辺参加』産業図書、本書4－2「正統的周辺参加」も参照

している。[9]

■組織学習の留意点

本項目の冒頭で、組織における学習は、「組織に属する個人の学習」と「組織の学習」に大別できると述べ、転職市場の拡大が見込まれる現在、個人の学習だけに注力している組織は足をすくわれる可能性が高いと指摘した。

しかし、もちろん組織学習の偏重によっても弊害は起こりうる。個人の知識を組織で共有するためのデータベースが整備されると、他者の知識に依存して自分で考えなくなる「知識共有のジレンマ」が起こると、松尾睦《まつおまこと》は指摘している。[10]現在、大きな話題となっている人工知能（生成ＡＩ）の組織への導入は、対話相手として人工知能を選ぶ個人が増えることで、異なる文脈をもつ個人間の対話が減少し、新しい知識が形成されにくくなる危険と、人工知能のアウトプットを鵜呑みにしてしまうことで、個人の経験学習が不活性化する危険が潜んでいるように思われる。

〔妹尾 大〕

［9］上野直樹 1999『仕事の中での学習：状況論的アプローチ』東京大学出版会

［10］松尾睦 2006『経験からの学習：プロフェッショナルへの成長プロセス』同文舘出版

5-6 失敗による学習

航空業界と医療分野の取り組みから

■航空業界における失敗と学習

「失敗は成功のもと」というおなじみの格言の通り、失敗は成功に向けた学習のための重要な情報源である。失敗は、それに関係する人・組織・人工物・環境・文化などの問題を顕在化し、より望ましい状態へと向かうための足場となる。

失敗から学ぶという点において特に優れた実践は、航空業界に見ることができる。航空機はかなり安全性の高い乗り物であるが、ひとたび事故が起きると多くの命が奪われ甚大な被害が生じるため、航空業界は事故防止や安全管理を最優先事項と位置づけ、数々の先駆的な取り組みを行ってきた。

クルー・リソース・マネジメント

1977年にカナリア諸島のテネリフェ空港（現在のテネリフェ・ノルテ空港）で発生したジャンボジェット機同士の衝突は、乗員乗客583名が亡くなるという史上最悪の航空機事故となった。この事故のおもな原因の一つに、誤った思い込みをしていた機長に対し、部下である機関士がその誤認に気づいていたにもかかわらず、強く指摘や反論ができなかったことが挙げられている。つまり、コックピット内の乗員の権威勾配が、安全に関わる重要な情報の共有を妨げたということである。

こうした事故の経験から、人は誰でも間違える、**ヒューマンエラー**（人為的なミスや失敗）は避けられない、ということを前提として、**「クルー・リソース・マネジメント**（Crew Resource Management: CRM）」と呼ばれる方法論とその具体的な訓練システムがアメリカを中心として研究・開発され、航空業界全体へと展開されてきた。これは、航空機の運航において利用可能な人・機器・情報などの資源をうまく活用しながら、おもにチームワークとコミュニケーションによって安全を管理するというアプローチである。CRMでは、航空機の操縦のような専門的な知識や技術とは異なる「ノンテクニカル・スキル」として、状況認識や意思決定などの認知的なスキルと、コミュニケーションやリーダーシップのようなソーシャルスキルが重視されている[1]。

インシデント報告システム

航空業界の実践の中でもう一つ注目したいのが、匿名かつ非懲戒的な**インシデント報告システム**である。大きな被害が生じた事故（アクシデント）だけでなく、結果的には事故に至らなかったがそうなる可能性があった出来事（インシデント）や、その危険な状態に気づいてヒヤッとした経験（ヒヤリハット）に関する情報も、事故防止と安全管理のための重要な資源となりうるが、こうした潜在的な失敗の事例を収集することは容易ではない。そのため、例えば米国航空安全報告システム（Aviation

[1] Gaffney, F. A., Harden, S. W., & Seddon, R. 2005 *Crew resource management: The flight plan for lasting change in patient safety*. HCPro.

Safety Reporting System: ASRS）では、匿名で簡単に報告することができ、10日以内の報告には免責が与えられ、報告に対して第三者機関からフィードバックが提供されるなど、報告しやすい環境が周到にデザインされている。失敗を隠さず正直に報告したら、叱られないだけでなく、むしろ褒められるという、報告者にとってたいへん安心感のある仕組みである。実は、このような報告システムのデザインもまた、報告件数が思うように伸びなかった過去のシステムの失敗から学んだ成果である。失敗は隠蔽するものではなく、組織全体で共有して活かすものであり、そこから得た知識は必ず次の世代へと継承すべきであるという、航空業界の組織文化そのものが、数々の試行錯誤と失敗に基づく学びから醸成されてきたのである。

■医療分野における失敗と学習

医療分野では、先行する航空業界の実践をモデルとしながら、患者の安全を確保し医療の質を担保するためのさまざまな方法が検討されてきた。とりわけ日本においては、1999年に起きた大学附属病院での手術患者取り違え事故を契機として、事故防止と安全管理に関する研究や実践が大きく動き出すこととなった。

航空業界（航空機の運航）と医療分野（医療行為）では業務の性質や規模などが大きく異なるため直接的には比較しにくいが、失敗との向き合い方や活かし方、失敗と安全に関する組織文化などにおいて、医療分野は未だ十分ではないとの指摘もある。[2] 実

［2］M・サイド／有枝春（訳）2016『失敗の科学：失敗から学習する組織、学習できない組織』ディスカヴァー・トゥエンティワン

際に、医療行為に関する失敗が個人的な問題として扱われたり、個人の責任が追及されたりする事例も少なくない。

チームステップス

航空業界のような高信頼性組織（ハイリスクな状況下でも安全性を確保している信頼性の高い組織）を目指して、医療の現場が長年にわたり熱心に取り組んでいるのが「チーム医療」である。[3] 安全で質の高い患者中心の医療を提供すべく、職種や専門の異なる医療従事者（看護師、医師、作業療法士、社会福祉士、薬剤師、栄養士など）が連携・協働するというチーム医療は、ますます高度化・複雑化している医療現場において不可欠なものとなっている。

その具体的な方法論かつ訓練プログラムとして、近年特に注目されているのが「**TeamSTEPPS®**（Team Strategies and Tools to Enhance Performance and Patient Safety）」である。[4] リーダーシップ・状況モニター・相互支援・コミュニケーションという4つの核となる能力（ノンテクニカル・スキル）により、チームのタスク遂行を改善し、患者の安全性を高め、最終的に、組織の安全文化を醸成することを目指している。

例えば、前述の手術患者取り違え事故では、コミュニケーションエラーと総称される関係者間の情報伝達ミスや確認不足などの問題が指摘されている。また、医療事故情報とヒヤリハット事例のデータベースを参照すると、[5] コミュニケーションエラーは日常的な業務のあらゆる場面で発生していることがわかる。こうしたエラーを防止す

[3] 種田憲一郎 2022「本邦におけるチーム医療を推進する仕組み・制度」『保健医療科学』71(1), 27–34.

[4] Agency for Healthcare Research and Quality, TeamSTEPPS Program. https://www.ahrq.gov/teamstepps-program

[5] 日本医療機能評価機構「医療事故情報収集等事業」https://www.med-safe.jp

るため、TeamSTEPPSでは、SBAR〔エスバー〕、チェックバック、ハンドオフなど、コミュニケーションを支える実践的なツールを提供している。SBARは、患者に関する情報を伝える際に、状況situation・背景background・評価assessment・提案recommendation（または、要求request）という決まった順番で発話する技法である。チェックバックは、伝えたいことが確実に伝わったかどうかを確認するために必ず発話・復唱・再確認というループで会話を終えることであり、ハンドオフは、伝達ミスを防ぐために申し送りの内容を標準化・定型化することである。

■失敗し続け、学び続けることはできるのか

学習の実験的領域

福島真人《ふくしままさと》は、私たちの社会的な活動の空間において、探索や試行錯誤のような実験的な行為を可能にし、それに伴う失敗のコストを許容するような領域のことを「**学習の実験的領域**」と呼び、そこでの「日常的実験」が複雑な対象の学習において不可欠であることを指摘している。[6] しかし実際の仕事の現場では、次から次へとやるべきことが押し寄せてくるためそれらを場当たり的に処理していかなければならず、「立ち止まって考え直したり、わからないところを繰り返し試してみたり、あるいは適当なタイミングで先輩や指導者に、適度の指導を受ける、といったチャンスは限られている」[7]。航空業界や医療分野に限らず、仕事の現場の多くが、小さな実験と失敗を繰り

［6］福島真人 2022『学習の生態学：リスク・実験・高信頼性』ちくま学芸文庫

［7］前掲書［6］p.197

返しながら学べるようにはデザインされていないというのが現実である。さらに、学習の実験的領域を維持し続けること、つまり失敗し続け学び続けることができる活動空間であり続けることは、本質的に困難である。インシデントや事故の経験から熱心に学び、事故防止と安全管理のためのシステムを高度に洗練させていく努力は、結果的に、組織全体が学び続けるための機会や資源を減少させてしまう。安全が確保された場所では危険について実践的に学びにくい、というジレンマである。また、失敗によって生じる大きな経済的な損失や、厳しい法的責任の追及は、学習の実験的領域を縮小させる極めて現実的な制約となっている。

先に述べた航空分野のインシデント報告システムは、重大な事故に至らなかった小さな失敗も学習資源として活用し、組織として学び続けていくための仕組みである。一方、TeamSTEPPSのような医療分野の訓練プログラムは、厳しい倫理的、法的責任にさらされ、日常的に実験と失敗を繰り返すことができないハイリスクな現場において、組織としての学習可能性を担保する試みである。TeamSTEPPSの特筆すべき本質は、失敗に対する不安や危機感を学習の原動力とするのではなく、患者を含む仲間（チームメンバー）とともに、楽しく学びあうことを重視している点にある。[8] それこそが、学び続ける組織文化への新たなアプローチと言えるだろう。

〔南部美砂子〕

[8] 種田憲一郎 2013「チームSTEPPSの適切な理解と実践のために」『病院安全教育』3(1), 28–35.

6章　学習の現場

6-1

学校教育における学習

学習対象・学びのゴール・学習時間の観点から

■学校教育とは

本稿で扱う学校は、20世紀の学校、すなわち、親や親方が学ぶべき内容やゴールを決めた19世紀の「徒弟制時代」とは違い、教育の責任を国家が引き受け、同年齢の子どもを多数集めて基礎的な能力を均質に短時間で育成しようとした「公教育制度時代」の学校である。[1] それゆえ、学校教育での学習は、決められたことを、決められた時間内で、決められたレベルにまで到達できるよう学ばなければいけないという特徴をもつ。その一方で、学習のゴールは、読み書きソロバン（3R's: Reading, wRiting, aRithmetic）など基礎技能の訓練から日本の教育基本法が謳う「人格の完成」まで幅広い。そこで本稿では、20世紀の主要な学習支援研究を順に採りあげ、それが何を対象にどのようなゴールまでをねらっていたのか、教室内の集団（対話）の力をどう使っていたのか、学習対象の時間単位は何か（授業、単元、学校生活など）という3つの観点で整理する。

［1］Collins, A., & Halverson, R. 2009 *Rethinking education in the age of technology: The digital revolution and schooling in America.* Teachers College Press.（コリンズ、ハルバーソン／稲垣忠（編訳）2012『デジタル社会の学びのかたち：教育とテクノロジの再考』北大路書房）。コリンズらは教育の歴史的変遷を19世紀の「徒弟制時代」から、20世紀の「公教育制度時代」、そして一人ひとりが自らテクノロジーを使って学びたいときに学び方や学ぶ内容・ゴールを選ぶことができる21世紀の「生涯学習時代」への変化として描出した。これからは「誰がいつどこで誰と一緒に何をどう学ぶべきか」という問いも常に各自で考えなくてはならない時代がくる。本稿の内容に照らせば、「いつどこで誰と何を学ぶか」について各自が学習研究の知見を踏まえて決めていくべきだということになるだろう。

■プログラム学習

20世紀前半、**行動主義**が隆盛を極めていた頃、人間の学習は、ラットやハトと同様に「報酬による行動の強化」だと考えられていた。自らの徹底的行動主義に基づく強化の理論を教育に応用したスキナー（Burrhus F. Skinner）は、児童生徒にとって問題を解いた途端にその答えが合っているのを知ることが一番の強化になると考え、児童生徒が学ぶべきことを「スモール・ステップ」で、多肢選択から選ぶのではなく自ら解答を構成するなど「積極的反応」をしながら、正誤を「即時確認」して、「セルフペース」で進んでいく「プログラム学習（programed learning）」を開発し、冊子やコンピュータで実装した。[2]

先の3つの観点で言えば、学習対象とゴールは3R'sの習得、学習は個人単位で、時間は授業よりも短い「問題」単位である。行動主義もプログラム学習も20世紀後半には退潮したが、最近のEdTechの隆盛に応じて「個別最適化学習」なる名称で復活しつつある。それだけ、人にとって「強力な」学習の原理なのだと言えるだろう。[3]

■発見学習

行動主義は、人間が「意味」を求め、情報を有意味な枠組み（スキーマ）に従って処理することを示す**認知主義**的な研究の出現で退潮した。[4] 認知主義の動向は学校でも児童生徒が「課題を把握」し、自分なりの「仮説を設定」し、事実をもとに「仮説を

[2]「プログラム学習」については Skinner, B. F. 1954 The science of learning and the art of teaching. *Harvard Educational Review*, 24, 86–97. コンピュータでの実装について、開発企業はＣＡＩ（Computer-Aided Instruction）と呼んだが、スキナー自身は教師を助けるのではなく、コンピュータがすべての教授をやるのだということで teaching machine と呼んだ。なお、次の文献はスキナーが30年超経って自らプログラム学習を振り返っており、含蓄がある。Skinner B. F. 1986 Programmed instruction revisited. *Phi Delta Kappan, 68*(2), 103–110.

[3] 次の研究はチンパンジーと人間の幼児を比較して、チンパンジーは不要となれば教えられた手順を守らないが、人間は（幼児ですら）頑なに教えられた手順を守ることを示した。すなわち、人間以外の動物は遺伝的あるいは生態学的要因などにより学習に制約があるのに対し、人間はそのような制約が弱く、教

検証」して、「法則や概念を見い出し適用」する過程をたどることができる、というブルーナー（Jerome S. Bruner）の「発見学習（discovery learning）」の提唱につながった。[5]

仮説実験授業

発見学習の一例が板倉聖宣《いたくらきよのぶ》の開発・実践した「仮説実験授業」である。[6] 各問題は、①複数の選択肢をもつ実験課題を把握、②結果を選択肢から1つ選んで予想、③選択肢を挙手して人数をカウント、④予想の理由を説明し疑問や反論を納得できるまでクラス全体で討論、⑤再度予想する結果を選択、⑥どの選択肢が正しかったかを実験で確認、⑦実験結果とコメントを各自で記入、というステップで行われる。

加えて、問題が複数配列されることで、単元の内容を学習できるようになっていた。例えば、21名の小学校3年生が12コマをかけて「空気と水」という単元に取り組んだ授業では、日常経験で正答できる問題から、逆にそれでは誤答しやすい問題を経て、科学的概念を使って経験を再解釈せざるを得ないような問題に進むという計11問の議論を通して、真空という目に見えない科学の概念に関する理解を深めた。[7]

3つの観点に照らすと、対象は理科など「内容教科」、ゴールは概念理解と発見の仕方の学習、学習には「**対話**」が常用され、「単元」にわたって学ぶ。それだけの長期スパンで児童生徒の発見をガイドするのが難しいため、板倉は問題セットと途中の読み物を「授業書」の形でパッケージ化し、教師による発見学習の授業実践を支えた。

えられたことを盲目的に守る傾向があるために逆に行動主義に基づく実践が有効に働きやすかったわけである。Whiten, A., Horner, V., & Marshall-Pescini, S. 2005 Selective imitation in child and chimpanzee: A window on the construal of other' actions. In S. Hurley & N. Chater (Eds.), *Perspectives on imitation: From neuroscience to social science Vol. 1, Mechanisms of imitation and imitation in animals* (pp.263–283). MIT Press.

[4] 行動主義から認知主義への変遷とその意義については佐伯が詳しい。佐伯胖 2015「学びの場が生まれるとは」『教育心理学年報』54, 153–160.

[5] Bruner, J. 1960 *The process of education*. Harvard University Press.（鈴木祥蔵・佐藤三郎（訳）1963『教育の過程』岩波書店）

[6] 板倉聖宣 1963「仮説実験授業の提唱」『理科教室』11月号

■有意味受容学習

オーズベル（David Ausubel）は、発見学習に対して「適切な既有知識がないと発見もできない」と批判し、「有意味受容学習（meaningful reception learning）」を提唱した[8]。学習者は新規な内容をなじみある事柄に結びつけて教えてもらって初めて理解（受容）すると考えるものである。そのために、学習に先立ってその内容を体制化・構造化できる材料を学習者に読解・視聴させる「先行オーガナイザー（advanced organizer）」を提案した。仏教を初めて学ぶ米国の学生に、より身近なキリスト教に関する知識を想起させてから、それと仏教を対応づけて説明するなどである。

3つの観点に照らすと、対象はあらゆる教科に適用でき、ゴールは内容理解や記憶、学習は基本的に個人単位で、時間的には1授業など短時間の教授方略として使える。認知理論上は妥当な考えだが、学習者全員になじみのある先行オーガナイザーは何か、学習者が誤概念を有している場合はどうするかなど、実践上の課題を多く孕んだ。

■プロジェクト学習

実生活・実社会で直面するような体験をプロジェクトとして学ぶもの（project-based learning）である。20世紀初頭から連綿と続くだけに、小中学校における農園での食料栽培や大型動物飼育、学校新聞発行、プログラミング、数学・科学・社会的問題解決から、医学・看護での症例診断、工学での製作まで対象は幅広い。基本的にプ

[7] 齊藤萌木 2014「学習記録に基づく学習環境デザインの機能の解明の試み：仮説実験授業『空気と水』における『説明モデル』の活用と吟味の生起に注目して」『科学教育研究』38(2), 84–96. ／齊藤萌木 2016「説明モデルの精緻化を支える社会的建設的相互作用」『認知科学』23(3), 201–220.

[8] Ausubel, D. P. 1960 The use of advance organizers in the learning and retention of meaningful verbal material. *Journal of Educational Psychology*, 51, 267–272.

ロジェクトの①構想、②計画、③実施、④振り返りというステップをたどるが、①の構想をどれだけ学習者の自発性に任せるか、またプロジェクト同士をどれだけ系統的に位置づけるかなどに幅がある。細かく分ければ、教師が明確に問題・テーマを設定するものが「**問題解決学習**（problem-based learning）」、さらに教科を絞るなど学習内容を限定することで、学習者がわかった先に自らの疑問を探る過程を支えるのが「探究学習（inquiry learning）」だと言える。

いずれにせよ、教師は学習環境のデザインやファシリテーションに徹し、児童生徒の学習が専門家の真正な活動とつながること、常に対話的な相互作用を採り入れること、テクノロジーも含めた認知的な道具を使って活動成果を外化することに努める。

3つの観点に照らすと、対象は教科、教科横断、総合的な学習まで幅広く、対話もチーム活動として採り入れられ、単元や学期にわたって展開される。学習のゴールはプロジェクトの経験自体から、その過程における資質・能力の獲得、真正な活動への参加によるアイデンティティ獲得（「小さな科学者になる」など）まで幅広い。

■学習科学

学習科学は1980年代後半から、認知科学や人工知能、CSCW[9]、教育哲学など当時の関連領域を総動員して、現場の教育実践を支援すべく立ち上がった学際領域である。テクノロジーも学習支援だけでなく記録分析・理論化のために活用する。

[9] Computer Supported Collaborative Work（コンピュータに支えられた協働作業）

その実践的な観点から動向を振り返ると、デューイ（John Dewey）やモンテッソーリ（Maria Montessori）のような教育思想を批判して、行動主義が学びのメカニズムを単純化し学びの単位を最小化して学びの科学を打ち立てようとした機運を受けて、認知主義に基づく科学的な学習支援研究が真に可能なのかを検討していると捉え直せる。学びのメカニズムとして**構成主義**（constructivism）に基礎を置き、より長期かつ協働的な学びを通した、高次な学習のゴールが実現できるか、である。それゆえプロジェクト学習は、デューイらと何ら違わない目標や学習プロセスを想定しているように見えても、教師など学習環境のデザイナーが意図的に創発をデザインし評価し持続的に改善できるかに挑もうとしている。

そのために対話を通した学びについての新しいビジョンと理論を打ち立て、現場教師が持続可能な形で実践でき、テクノロジーも用いて理論を不断に改訂していく枠組みを堅固に創り上げていくことが必要である。「学びについての新しいビジョンと理論」とは、プロジェクト学習で言えば、ポスターや発表などの活動ではなく、そこでの知識構築をゴールにできるか[10]、問題発見・解決能力を目標としても「問題解決を問題発見の前にもってくる」など認知過程の特徴を踏まえた学習のシークエンスをデザインできるかである。その成否は研究者の理論でなく、一人ひとりの教師の実践にかかっている。それぞれの教師のネットワーキングを通じて、子どもたちが毎日集まる「学校」という場をいかに活用できるかが、今後の鍵となる。

〔白水 始〕

[10] Bereiter, C. 2002 *Education and mind in the knowledge age.* Lawrence Erlbaum Associates (p.294) など。

6-2 課外活動における学習

仲間や大人たちとともに、異次元にジャンプ！

■課外活動とは何か

課外活動の位置づけとその広がり

課外活動（extra-curricular activities）とは、もともと、1910年代初頭より米国の高校を中心に展開した、クラブ活動や自治的な活動などの活動を指す用語であった。[1] 1920年代に入るとこれらの活動が学校の**カリキュラム**の中に組み入れられ、「課外活動」は、教科カリキュラムに対する、教科外のカリキュラムとして位置づけられた。つまり「課外活動」とは、学校内で行われるカリキュラムのうち、教科カリキュラムに含まれないもの（クラブ活動や修学旅行、文化祭・体育祭など）を意味する。

しかし現在、課外活動の学習に関する研究はこれにとどまらない広がりを見せている。またその流れの中で、学校内／学校外という二分法も意味を失いつつある。その背景には、子ども・若者の間に存在する格差への着目がある。例えばパットナム（Robert D. Putnam）は、課外活動へのアクセスが彼らの将来に対して広範囲でのよい影響をもたらすことを指摘するとともに、[2] 1972年から2002年にかけて、米国

[1] 山口満 2004「教科外教育のカリキュラム」教育方法学会（編）『現代教育方法事典』（p.171）図書文化

[2] Putnam, R. D. 2015 *Our kids: The American dream in crisis*. Simon & Schuster.（パットナム／柴内康文（訳）2017『われらの子ども：米国における機会格差の拡大』創元社）

で課外活動の格差が拡大したことを示した。[3] 緊縮予算などの影響で課外活動が「お飾り」とみなされるなか、裕福な校区は民間資源などの活用によって課外活動を継続する一方、貧しい校区ではその削減が行われたのだ。学校を通じた課外活動への参加機会の提供は、わずかながらとはいえ**機会格差**を平準化する効果をもっていたが、それすらも失われたのだ。[4] このような問題に対応するためには、組織・制度の境界を越え、学校外での学習を視野におきながら、子ども・若者がそれぞれの生活・人生の中で出会いうる学習機会全体を捉えていく必要がある。

学校外学習としての課外活動

では、「**学校外学習**（learning outside school）」との関係において課外活動はいかに位置づけられるだろうか。香川秀太《かがわしゅうた》と神崎真実《かんざきまみ》は「学校外学習」を「学校という場所や文化の外で生じる学びのこと」[5] と定義し、それに含まれる5つの学習を提示している。そこには、「演劇やアートに触れるワークショップなど、プレイフルな学び」、あるいは「放課後の無料塾など、補償教育における学び」など、課外活動として議論すべき領域を含むものもある。元来、課外活動が学校のカリキュラム外で実施される活動であったことを考えれば、これは当然のことだ。学校外学習と課外活動はその具体となる活動を共有しつつも、議論の焦点を異にする2つの概念であるといえる。[6]

課外活動での学習を学校内学習と比べてみると…

課外活動における学習については数多くの研究がなされている。例えば文化人類学

[3] 前掲訳書［2］pp.201–202

[5] 香川秀太・神崎真実 2018「学校外学習」能智正博ほか（編）『質的心理学辞典』(p.52) 新曜社

[6] 文野洋《ふみのよう》は、「学校での学びを、教室の外の文化的実践の学びと結びつけ、新たな学びの場を生み出す試み」として、本稿でも紹介する「第五次元」のほか、モル (Luis C. Moll) による「放課後ラボ (after school LAB)」、山住勝広《やまずみかつひろ》による「ニュースクール・プロジェクト」を紹介している。文野洋 2012「学校の外での学び：教室から学びを解き放つ」茂呂雄二ほか（編）『ワードマップ状況と活動の心理学：コンセプト・方法・実践』(pp.130–135) 新曜社

者のチャイルドレス（Herb Childress）は、ある高校の生徒たちの学校内外での様子を1年間観察し、教室の授業と課外活動との間にある違いを見いだした。[7]彼が見たのは、あたかも感情がないかのように教室内での時間を過ごす生徒たちが、放課後になった途端、息を吹き返す姿だ。彼は自身が発見した知見を「フットボールが高校に勝る17の理由（以下、「17の理由」）」としてまとめた。「17の理由」の中には、学習時間の柔軟さなど、学校的学習の孕む問題を対照的に浮かび上がらせるものもあるが、多くは、課外活動そのものに学習環境としての可能性を見いだそうとするものだ。それらは大きく2つに分けられる。一つは、大人や仲間たちといった人とのつながりに関わるもの、もう一つは、子ども・若者の**パフォーマンス**[8]に関わるものだ。

■人を通じて、社会とつながる
人との感情的なつながりを経験する場としての課外活動

前者から見ていこう。チャイルドレスは、フットボールにおいて**仲間同士**（peer-to-peer）の教え合いや、大人からの個別の働きかけがあることを指摘する。しかもここにいる大人たちは、課外活動の対象（ここでは、フットボール）を心から愛しており、生徒たちに指導することが大人たちの喜びにもなっている。仲間たちもそれを支える大人たちもともにフットボールが好きだからこそそこにいて、それが彼らの感情的な関わりを生み出している。さらにいえば、感情をもって活動に従事すること、一人の

[7] Childress, H. 1998 Seventeen reasons why football is better than high school. *Phi Delta Kappan, 79*(8), 616–619.

[8] ここで「パフォーマンス」とは「自分とは異なる人物を演じたり、他の人物の振りをすること」を意味する。異なる人物を演じた結果ではなく、異なる人物に「なる」というプロセスそのものに着目する点が重要である。茂呂雄二 2019「パフォーマンス心理学とは」香川秀太ほか（編）『パフォーマンス心理学入門：共生と発達のアート』（pp.3–13）新曜社

[9] Ito, M. et al. 2020 *The connected learning research network: Reflections on a decade of engaged scholarship.* Connected Learning Alliance.（石田喜美ほか（訳）2020『つながりの学習』研究ネ

人として互いに接しあうことが、課外活動においてなすべきことの一部になっている。このように、課外活動は、**興味**（interest）を共有する人々が集い、互いにつながりあい、感情的に関わりあう場である。伊藤瑞子（Mizuko Ito）らによる「**つながりの学習**[9]」は、このような仲間や大人たちとのつながりを「**アフィニティネットワーク**[10]（affinity network）」と呼び、そこで生じるアフィニティベースのメンターシップについて研究を行っている[11]。興味を中心につながりあった人々のネットワークの中で、仲間や大人からのサポートを得ながら活動を行い、それがさまざまな機会へと結びついていくというアフィニティベースの学習モデルは、これまで課外活動における学習の強みとして指摘されてきたものと符合する。

パフォーマンスの場としての課外活動

「17の理由」では最後に、「フットボールでは、パフォーマンスが期待される」ということが述べられている。「17の理由」には、このほかにも、称賛される機会が数多くあることなど、パフォーマンスに関する項目が複数存在する[12]。ホルツマン（Lois Holzman）が述べるように、課外活動は、子ども・若者のパフォーマンスの場であり、「学習が先導する発達環境[13]」なのだ。そしてより重要なことは、課外活動におけるパフォーマンスを通じた学習・発達が、より広い文脈へとつながることだ。ホルツマンが紹介するパム・ルイス（Pam Lewis）の持論、「もし舞台でパフォーマンスできれば、人生でもパフォーマンスできる[14]」の通り、課外活動の舞台におけるパフォーマ

ットワーク：参加型の学際領域における、この10年を振り返って』Connected Learning Alliance.）https://clalliance.org/wp-content/uploads/2020/02/Connected-Learning-Research-Network-Reflections-on-a-Decade-of-Engaged-Scholarship-Japanese-Translation-1.pdf

[10]「アフィニティネットワーク」とは「親和的で多様性に満ちたネットワーク」を意味する。前掲書［9］p.5

[11] 前掲訳書［9］pp.38–39, p.66

[12] Holzman, L. 2009 *Vygotsky at work and play*. Routledge.（ホルツマン／茂呂雄二（訳）2014『遊ぶヴィゴツキー：生成の心理学へ』新曜社）

[13] 前掲訳書［12］p.108

[14] パム・ルイスは、オールスター・プロジェクト（ASP）の若者プログラムのディレクター。前掲書［12］p.118

ンスは、その先の人生に結びつく。

パフォーマンスの場を設けることで若者たちを支援しようとするプロジェクトである**オールスター・プロジェクト**（ASP）は、パフォーマンスがもつ発達を促す力を最大限に活用しながら、若者たちの生活や人生、そして、彼らを取り巻く貧困コミュニティそのものの変革を進めるためのプログラムを実践してきた。[15] ホルツマンによれば、ASPに参加したある若者は、「マンハッタンに一人で来るのは本当に冒険でした」[16]と言っていたという。この若者にとって、自分のコミュニティを出てマンハッタンに来ることは、それまでの自分自身を超える未知なる挑戦だったのだ。このように、ASPは、若者たちに、彼らの発達を支えることに情熱を傾ける大人たちとともに活動する機会を提供し、その中で彼らは、自分がこれまでに経験したことのないことに挑戦できる。ASPは、若者たちが新たな自分を創り出していくためのステージ、すなわち**発達のステージ**[17]（developmental stage）なのだ。

■課外活動をデザインする

課外活動格差が問題となる中、「**つながりの学習**」は、学校や、美術館・博物館・図書館、オンラインコミュニティなど、あらゆる教育・学習の場（setting）を越境して、子ども・若者が学習の機会を得、社会や政治へと十全に参加できるようになることを目指してきた。[18] 伊藤らが**デザインベース研究**（design-based research）によって見

[15] Holzman, L. 2018 *The overweight brain: How obsession with knowing keeps us from getting smart enough to make a better world.* East Side Institute Press.（ホルツマン／岸磨貴子ほか（訳）2020『「知らない」のパフォーマンスが未来を創る：知識偏重社会への警鐘』（p.134）ナカニシヤ出版）

[16] ASPのプログラムの一つである「ユース・オンステージ！（Youth OnStage!）」の参加者、マイケルの言葉。前掲書［12］p.115

[17]「発達のステージ（developmental stage）」は、発達心理学の用語である「発達段階（developmental stage）」を専有（appropriation）し、そこに新たな意味を付け加えた語である。前掲訳書［12］p.155

[18] 前掲訳書［9］pp.14–28

いだした「つながりの学習」のデザイン原則は、そのような学習環境を組織・機関の枠を超えて創り出していくための指針となるだろう。[19]

さらに今後は、教育・学習それ自体の変革に向けて、**文化システム**としての課外活動をデザインすることも課題となる。コール（Michael Cole）による放課後教育プログラム「**第五次元**[20]（the fifth dimension）」は、その可能性を示すものだ。コールは、人工物を3つの水準で捉えたうえで、[21]「第五次元」を、「現実の日常生活にちょっと歪みを与える**第三次の人工物**[22]」と捉えた。第三次の人工物は、それ自体が自律的に存在する想像上の「世界」である。「第五次元」には、教育ゲームを中核とした活動のほか、その存在自体が曖昧な「ウィザード（Wizard）」という人物が設定されており、参加者は「ウィザード」とメールでコミュニケーションをとったりその存在について議論したりして、想像上の世界を遊ぶ。そして、この想像遊びの存在が「第五次元」を、独自の文化システムとして機能することを可能にしている。

コール自身は、持続可能なシステムを創り出すことの困難さを述べているが[23]「第五次元」という実践が、学生たちと小学生が想像的な世界を遊ぶ中で、そこに関わるすべての人々が互いの学習・発達を引き出し続けるような文化システムを生み出していたことは事実だ。[24]「第五次元」は、社会における一つの文化システムとして課外活動をデザインすることの可能性を示唆する。課外活動をデザインすることは、教育・学習をめぐる文化システムを生み出すことにつながるのだ。

〔石田喜美〕

[19] 前掲訳書［9］pp.57–74

[20] Cole, M. 1996 Cultural psychology: A once and future discipline. Harvard University Press.（コール／天野清（訳）2002「文化心理学のための多水準的方法論」『文化心理学：発達・認知・活動への文化－歴史的アプローチ』（pp.397–451）新曜社）

[21] 三水準の階層のうち第一次の水準は「生産に直接用いられる第一次的人工物」（傍点は原点ママ）から、第二次の水準は「第一次の人工物やそれらを用いた行為の諸相についての概念」からなる。そして第三次は「『相対的に自律的な『世界』を構成するようになった』人工物のクラス」である。前掲訳書［20］

[22] 前掲訳書［20］p.415

[23] 前掲訳書［20］p.449

[24] 前掲訳書［20］pp.441–449

6-3 発達支援における学習

障害を支援する「学び」の技法

発達支援を必要とする児童生徒は、日本の小・中学校の通常学級において約8・8パーセントと見込まれている[1]。学習上の問題や対人コミュニケーションの問題などを呈する子どもたちに担任教員が出会ったとき、校内の特別支援教育コーディネーターや巡回相談員とその対応を協議し、保護者とともに個別最適化された学習を行うための個別の教育支援計画が作成される。その際、適切な指導計画立案のために、教師や公認心理師による行動観察や知能検査などのアセスメントを行うこととなる。

発達障害を抱える児童生徒への支援は、学校教育の場では通常学級だけでなく、特別支援教育の枠組みの中で「通級指導教室」や「特別支援学級」、「特別支援学校」などで行われている。また母子保健の場では「母子保健相談」、児童福祉の場では、乳幼児期に「児童発達支援施設」、学童期には「放課後等デイサービス」の中でも行われている。こうした発達障害を抱える児童生徒への支援を考えるとき、不適切な行動を減少させることを目的とするのではなく、適切な行動を増加させることを優先する、**ポジティブ行動支援**[2]（Positive Behavioral Support: PBS）の原則は、現代における

[1] 文部科学省 2022「通常学級に在籍する障害のある児童生徒への支援の在り方に関する検討会議報告」

[2] 平澤紀子 2019「支援者の実行を支えるサポート：スクールワイドＰＢＳから」『行動分析学研究』33(2), 118-127.

発達支援のスタンダードと言えるだろう。

学習理論に基づく発達支援は、理論的な背景として応用行動分析[3]（Applied Behavioral Analysis: ABA）、実践技法としてＴＥＡＣＣＨ《ティーチ》（Treatment and Education of Autistic and related Communication handicapped CHildren）、ソーシャルスキル・トレーニング（Social Skills Training: SST）、ＰＢＳが幅広く利用されている。

■応用行動分析に基づく発達支援

応用行動分析（ＡＢＡ）は行動分析学の一領域であり、社会的に重要な事柄に対して、その問題解決を図りながら、科学的でかつ効果的な、新たな行動分析的な知見（個体と環境との関数的関係）を獲得することを目的としている。発達支援におけるＡＢＡは、主に**自閉スペクトラム症**（Autism Spectrum Disorder: ASD）と診断された人によく見られる行動に変化をもたらすため、行動理論の原理を適用する支援である。[4]

ロヴァース（Ole I. Løvaas）は、１９７０年代にスキナー（Burrhus F. Skinner）のオペラント条件づけ[5]に基づいた支援方法を生み出し、ＡＳＤと診断された子どもたちの社会的相互作用を改善するために支援法を開発している。ＡＳＤと診断された２～３歳の子どものうち19人に対して、一対一で週40時間、２～３年にわたって介入を行い、その効果を実証した。[6] その結果、この介入に参加した子どもの47パーセントが正常な知的能力に到達したのに対し、対照群40人では２パーセントであった。

[3] 本書６－７「心理臨床における学習」を参照

[4] Lovaas, O. I., Schreibman, L., & Koegel, R. L. 1974 A behavior modification approach to the treatment of autistic children. *Journal of Autism & Childhood Schizophrenia*, 4(2), 111-129.1472.

[5] 本書３－２「オペラント条件づけ」参照

[6] Lovaas, O. I. 1987 Behavioral treatment and normal educational and intellectual functioning in young autistic children. *Journal of Consulting and Clinical Psychology* 55, 3-9.

その後、さまざまな行動的支援（例えば、機軸行動支援[7] Pivotal Response Treatment: PRT）が提案され、認知、言語発達、社会的スキルとコミュニケーション、適応行動に関しては、問題行動の減少とともに、多くの研究において圧倒的な改善[8]が見られている。このような結果から、ＡＢＡは米国の保健福祉省（United States Department of Health and Human Services）からＡＳＤの治療の標準モデルに指定され、公費が支出されているほぼ唯一の介入方法となっている。[9]

■学習理論に基づく支援の実践技法

ＴＥＡＣＣＨは、ＡＳＤと診断された子どもや成人を対象とした包括的な支援プログラムであり、ショプラー（Eric Schopler）らによって開発されてきた。ＴＥＡＣＣＨプログラムは、保護者と支援者が緊密に協力しながら、支援を個々のＡＳＤと診断された子どもや成人の特性に適合させ、物理的、社会的な「構造化」を用いた先行事象操作を用いる。[10] 先行事象操作として、ＡＳＤと診断された当事者に「行動」に先立つ手がかりを言語的もしくは視覚的に示したり（反応プロンプト手続き）、不適切な反応を引き出しうる刺激を除去（遮断・隠蔽）したりといった手続きが挙げられる。

典型的なＴＥＡＣＣＨの介入では、専門家が個々の能力をアセスメントし、その結果に基づいてＡＳＤと診断された子どもや成人の個々のニーズに合致した支援方略を開発する。[11] ＴＥＡＣＣＨの専門家は、支援方略を構成する行動変容の獲得を促進する

[7] Koegel, R. L., & Koegel, L. K. 2006 *Pivotal response treatments for autism: Communication, social, & academic development*. Paul H. Brookes.（ケーゲル、ケーゲル／氏森英亜・小笠原恵（訳）2009『機軸行動発達支援法』二瓶社）

[8] Dawson, G., & Bernier, R. 2013 A quarter century of progress on the early detection and treatment of autism spectrum disorder. *Development and psychopathology, 25*(4 pt 2), 1455–1472.

[9] The National Conference of State Legislatures 2021 Autism and Insurance Coverage State Laws. https://www.ncsl.org/health/autism-and-insurance-coverage-state-laws

[10] Van Bourgondien, M. E., & Schopler, E 1996 Intervention for adults with autism. *Journal of Rehabilitation, 62*(1), 65.

[11] Mesibov, G. B. 1997 Formal

ため、「構造化」と呼ばれる支援手続きを用いる。構造化は、個人の環境と活動の適合を目指して、次の3つの要素を用いて、ASDと診断された子どもや成人本人の行動獲得を最適化し、フラストレーションを避けるような方法を系統的に用いる。すなわち、①本人のニーズに合った物理的環境の構成（例：気が散る可能性のあるものを最小限にすること）、②予測可能な方法での活動の配置（例：日課の視覚的なスケジュールの使用）、③支援者の指示／促しからの自立を促すための教材や作業の構成（例：ASDと診断された子どもや成人が視覚的手がかりを利用しやすいとき、視覚的教材を使用する）である。TEACCHに関する効果評価においては、社会的行動と不適応行動について、中程度から大きな効果があることが知られている。[12]

SSTは、生活上に必要とされる社会的スキル（対人コミュニケーション）について、必要な知識や情報を提供した後、行動のリハーサルやロールプレイ、フィードバックなどを通してトレーニングし、行動の獲得を目指す支援技法である。近年では、リハーサル、ロールプレイを録画し、映像を用いてフィードバックを受けるビデオフィードバックなどの技法[13]が開発されている。発達障害を抱えた児童生徒だけでなく、精神科リハビリテーションにおいて寛解期にある統合失調症と診断された成人や抑うつ症と診断された成人、発達障害を抱えた成人を対象としたSSTも実施されている。発達障害を抱えた児童生徒への支援としてSSTは、幅広く用いられているものの、十分な有用性が証明されているとは言いがたい[14]。それは、発達障害を抱える児

and informal measures on the effectiveness of the TEACCH programme. *Autism, 1*(1), 25–35.

[12] Virues-Ortega, J., Julio, F. M., & Pastor-Barriuso, R. 2013 The TEACCH program for children and adults with autism: A meta-analysis of intervention studies. *Clinical Psychology Review, 33*, 940–953.

[13] 榎本拓哉・竹内康二 2013「アスペルガー障害児におけるビデオセルフモニタリングによる不適切行動の制御：個別面接場面での逸脱行動の低減」『明星大学心理学年報』*31*, 1–6.

[14] Rao, P. A., Beidel, D. C., & Murray, M. J 2008 Social skills interventions for children with Asperger's syndrome or high-functioning autism: A review and recommendations. *Journal of Autism And Developmental Disorders, 38*, 353–361.

童生徒の個別性に対して、「ソーシャルスキルの欠損」という枠組みだけで包括的に支援することが困難であることや、獲得したスキルを自然な社会的な文脈で発揮できるように、行動の般化の戦略を導入することが求められているからである。

ＰＢＳは、環境と個人との相互作用の機能的関係を分析し、学習理論に基づく罰的・嫌悪的な手続きに対して、それを当事者の権利侵害として捉える社会運動から、非行や強度行動障害による他害・自傷を呈する事例に適用されてきた。その後、発達障害を抱える児童生徒への支援のみならず、さまざまな困難を抱える当事者の生活の場における包括的な支援の枠組みとして発展している。

■限局性学習症を抱えた児童生徒の支援

限局性学習症[15]（Specific Learning Disabilities: SLD）とは、学校教育において、「全般的に知的発達に遅れはないが、聞く、話す、読む、書く、計算する又は推論するといった学習に必要な基礎的な能力のうち、一つないし複数の特定の能力についてなかなか習得できなかったり、うまく発揮することができなかったりすることによって、学習上、様々な困難に直面している状態[16]」と定義される。このように多様な障害は、単一の機能障害や行動特徴を原因として説明することは困難である。

たとえば、文字の書字の困難を抱える「書字障害」は、協調運動性障害（Developmental Coordination Disorder: DCD）や認知処理に関わる課題が、問題の「原

[15] 教育上の関連用語として学習障害（learning disabilities）が一般的に用いられているが、心理的な支援の文脈ではＤＳＭ-５における限局性学習症（Specific Learning Disorder）が用いられる。ＬＤ学会 2023「ＬＤ等の用語解説」https://www.jald.or.jp/info/glossary/

[16] 文部科学省 2021「障害のある子供の教育支援の手引：子供たち一人一人の教育的ニーズを踏まえた学びの充実に向けて」

因」として想定される。しかし、その原因を同定することは未だ困難であり、障害の特徴に合わせた支援をその個人に合わせて実施することが求められている。書字障害ならば、鉛筆の持ち方の発達[17]のアセスメントを通して、運動発達の課題を確認するとともに、ウェクスラー式知能検査やK-ABCⅡなどを用いて全般的な知能を確認することとなる。ここで「全般的な知能」を把握するのは、その学習上の問題が知的能力の問題（知的障害）によって引き起こされているか否かを明らかにするためである。診断上、知的な障害はなく学習上の問題が示されている場合、限局性学習症と解釈されうる。またこのようなアセスメントを通して、支援のための方略が検討される。一方で、書字障害そのもののアセスメントで標準化されたものはまれであり、本人の抱えている困難さや学習上の問題を合わせて支援を検討することとなる。そこで、書字の困難さを「書字に関わる行動の流暢性の獲得の困難」として再定義すると、行動の流暢性獲得のための支援方略を用いることができる。一般的には「なぞり書き」や「視写」課題が多く用いられるが、感覚運動処理特性に合わせた支援[18]なども提案されている。

　発達支援においては、多様な状態像におかれている子どもたちを対象として支援を行っていくことになる。そのため、学校では担任教員だけでなく、特別支援教育コーディネーターやスクールカウンセラーなどの公認心理師がチームとなり支援を行う「チーム学校」としての活動が求められている。

（大橋 智）

[17] 尾崎康子 1996「幼児期における筆記具把持の発達的変化」『教育心理学研究』44(4), 463-469.

[18] 竹森亜美 2022「学校現場で指導に活かす書字学習支援 マニュアル・教材集：誰もが無理なく運筆・書字をマスターするために」日本学術振興会 科学研究費助成事業 20K22289「発達障害児の感覚特性に合わせた書字学習支援の開発」https://researchmap.jp/am.tkmr/published_works

6-4 探究活動における学習

主体的・対話的で深い学びのために

■「探究学習」が浸透しない

「探究学習」とは何か。これがうまく浸透せず、高校現場での停滞や迷いを生んでいる。2020年度の学習指導要領の改訂で登場した「総合的な探究の時間」では、「探究」とそれを用いた「探究学習」、そして探究学習を経ての「探究活動」の3段階の整理が必要である。これらが教育の現場で混在して語られ、それぞれをわかりにくくする。また、探究学習(探究の過程)が文部科学省によって狭く捉えられていることも混乱の一因だ。探究学習は課題解決型学習(Project Based Learning: PBL)に限らない。文部科学省のいう「探究の過程」とは「課題設定→情報の収集→整理・分析→まとめ・表現」である。[1] この過程が螺旋状のサイクルで展開されることを示すことを探究学習だと位置づけているようだが、これに必ずしも縛られる必要はない。後述するが、こうした文科省の狭い捉え方も探究学習が浸透しない要因の一つだ。

[1] 文部科学省 2023「充実した総合的な探究の時間を実現するための学習指導」『(高等学校編)今、求められる力を高める総合的な探究の時間の展開』(pp.23-66)

■「探究」とは何か

こうして述べていると「探究」は難しいものと捉えられがちだが、そうではない。まず「探究」の意味を捉え直してみよう。

文科省は「探究」の定義を明示していないのならば一般名詞として扱っているのだろう。であれば、辞書的な意味として捉えて考えてみる。「探究」を辞書で引くと「さぐりきわめること」とある。探究の2つの漢字の意味を並べたに過ぎない。だから「探究学習」とは「さぐりきわめる学び方」であり学ぶ手段の一つに過ぎないと言える。

具体的に言うと、「問い」の連鎖による思考を用いた思考方法である。何かを自ら「探る」ときに新しい「問い」が生まれるような「問い」の連鎖によって思考が深まり、やがて、何らかを「究める」ものだ。

■探究学習における授業

探究学習の授業のあり方は、探究学習を展開する**国際バカロレア**[2]（ＩＢ）が参考になるだろう。ＩＢの授業は、「チョーク・アンド・トーク」ではなく、生徒に教え込むわけではない。教員は各科目の単元を体系立ててすべてを教え込むことはない。つまり、一斉授業型、知識伝達型、網羅主義ではない。生徒がもっと知りたい、もっと考えたいと、探究的になることを求める授業だ。そして、網羅的ではなくケーススタディだ。さらに、常に必要に応じて学習者が学ぶことを心がけている[3]。そうした授業

［2］International Baccalaureate。1968年、スイス・ジュネーブにて開発された教育プログラム。国際機関に勤める職員らの子どもたちのために、世界最高水準の教育により国際通用性のある大学入学資格を与えられるものを目指した。世界平和の構築をミッションとしており、そのために探究心、知識、思いやりに富んだ若者の育成を目的とする。

［3］例えば「ドラマ」の授業では舞台から作ることがあるが、舞台の角を丸くしたいのであれば弧の描き方、計算方法から学ぶ。

での理想的な教員のあり方はちょっとうるさい教室の「壁紙」だ。生徒たちが学ぶ姿を見守る存在である。口（助言）は出すけれど手（指導）は出さないのだ。一斉授業で知識伝達型、網羅主義的な教え方に慣れている日本の教員はなかなか発想を転換できない。このことが「探究」を進めるうえで大きな課題となっている。

■課題解決型学習だけが探究学習ではない

探究学習は、文科省の「探究の過程」のように課題解決に使われるイメージがあるが、それだけではない。自分が好きなもの、好奇心をもつものも「さぐりきわめる」ことができる。そこから学習に結びつけることも可能だ。

好きなことには、時間を忘れて没入する。夢中になるのだ。知りたいこと、理解したいことをどんどん追いかけていく。追いかけていくと知りたいこと、理解したいことがわかるようになる。が、同時に、新しい「問い」も生まれる。だから、またその「問い」を追いかける。そして、また「問い」が生まれる。こうした「問い」の連鎖こそが「さぐりきわめる」方法であり、まさしく「探究学習」なのだ。

ゆえに、文科省の示す「探究の過程」は一つのケースに過ぎない。「探究学習」＝「課題解決型学習」ではないのだ。この理解がないため、教科科目での探究学習がやりにくくなるとともに、個人の興味関心、好奇心に基づいた探究学習とを区別してしまいがちなのだ。探究学習はあくまでも深く学ぶための学ぶ方法であり、手段なの

［4］reflection。内省を意味する。行動や経験、それらにおける自分の考えやあり方を、客観的に俯瞰的に、そして構造的に捉えることで、自分の行動や経験、思考を深く捉え直して理解する。こうした行為から改善点や他の手段、行動の可能性を見いだすことに役立てる。リフレクションの結果を、抽象化、一般化、概念化することで、新たな行動や経験に活かしやすくする。リフレクションを繰り返すことで、「問い」が生まれたり連鎖したりするため、探究を促進する。探究学習において重要な過程である。

［5］feedback。発表や意見に対して、指摘や評価をすること。探究学習では、フィードバックによって生徒の発表や意見の方向性を定

だ。手段ゆえにさまざまな場面で活用できる汎用性があるものだ。

また、好奇心をきっかけにした探究は、やり甲斐や生き甲斐を生む。熱中したり時間を忘れて没入したりすることは楽しい。この楽しさがもっと知りたい、わかりたいに結びついていく。こうした楽しさがあれば多少ハードルが高くてもチャレンジできる。そういう状態になればやり甲斐なり生き甲斐なりが生まれてくる。人工知能が発達して人から仕事を奪うと言われる現代社会において、やり甲斐や生き甲斐の見つけ方やそれらを見つけた経験は、人が豊かに暮らすうえで大切なものである。こうした学習の経験は教科などを学ぶときに活用ができるはずだ。

課題解決を目指して「探究の過程」を示すのであれば「課題設定→仮説検証→最善解・納得解」であり、**リフレクション**[4]、**フィードバック**[5]の必要性を示すべきであろう。そもそも多くの課題にはさまざまな真実に基づいた複数の正解がある。そうした中で現実と向き合い、合理的な最善解や誰もが受け入れやすい納得解を導くことを求められるのだ。[6]

■探究は終わらない

さらに文科省が示す「探究の過程」のサイクルでは「まとめ・表現」から螺旋状に次の「課題設定」に回るのだが、この説明がうまくない。[7]「まとめ・表現」をしたら終わりではないのか。螺旋を描くのであれば、この「ま

めたり生徒を励ましたりすることができる。生徒の視野や思考を多面化、複眼化したり、より深みをもたせたりする、質の高いフィードバックは探究学習を充実したものにする。

[6] ロシアにおける真実もウクライナにおける真実もあるだろうが、事実としては人が殺されているのだ。それぞれの真実よりも事実に向き合って最善解、納得解を導きだすことが求められる。

[7] 大学入学者選抜でも同じような間違いを起こす。大学は、つい評価しやすいコンテストやコンクールなどの成果を求めてしまう。そのため、高校では、コンテストやコンクールで表彰されたり商品開発をやり遂げたりしなければ評価されないと考えて、こうした活動を目的にしてしまう。しかし、大学入試は受験生の可能性を評価するものである。ゆえに、コンテストなどの経験をいかに次の活動に活かすかを問われるのであって、コンテストなどでの成功を求めるものではない。

とめ・表現」はゴールではない。むしろ、探究学習では「問い」の連鎖が生まれるのだから、この「問い」の連鎖によって螺旋状に深まっていく様子こそが「探究の過程」ではないか。となると、「まとめ・新たな問い」であり、探究は終わらないのだ。

■授業で探究を深めるために

まず、授業では「問い」を立てることの練習が必要だろう。ここで有効なのは「対話」である。他人の意見に触れながら思考を広げたり深めたりする過程で生まれる、他人の意見との差異や認識の深まりから「問い」は生まれやすくなる。さらには他者から問われながら「問い」に慣れることができる。[8] こうした対話を通した練習を経ると、課題を見つけやすくなるし、日常的にも「問い」を立てられるようになり探究学習になじみやすくなる。

こうして見ていくと、アクティブラーニングの流れで登場した「主体的・対話的で深い学び」が探究学習そのものであることを理解できるのではないか。

■未知の問題に立ち向かうために

日本は「課題先進国」であるが「課題解決先進国」ではない。未知の問題に立ち向かう力が発揮されていない。ＩＢの初代事務局長であるピーターソン（Alec Peterson）は「生徒が高度な教育を受けたかどうかは、試験で何点とれたかではなく、全く新し

[8] 例えば、4～5人のグループでテーマに沿って「対話」する。これを何度も繰り返すのだ。テーマは誰もが答えを見つけやすい「根源的な問い」にする。その「対話」を通して、多様な意見から「他者理解」「自己理解」ができるようになることで、自分の考えに新しい「問い」を生むことに慣れるとともに、自分の意見を言語化して、グループの中で「合意形成」ができるようになることを目指すとよい。

[9] Bastian, S., Kitching, J., & Sims, R.／大山智子（訳）・後藤健夫（編）『セオリー・オブ・ナレッジ：世界が認めた「知の理論」』ピアソン・ジャパン

[10] 日本の大学入試ではもっと積極的に未知の問題解決への意欲を評価してもらいたい。オックスフォード大学やケンブリッジ大学、米国のアイビーリーグなど世界の名だたる大学の選抜試験はこの未知の問題を解決する意欲を面接試験や提出課題で評価する。無理難題を受験生に問い、いかに明

い状況で何ができるかによって確かめられる」[9]と言う。日本の若者も「探究学習」により、未知の問題解決に挑み、現実をしっかりと捉えて、課題設定をして、仮説検証を繰り返して、最善解、納得解を導きだせるようになってもらいたい。[10]この探究学習の過程でOECD Education 2030が提唱するＡＡＲサイクル[11]やコルブ（David A. Kolb）の経験学習理論のサイクルなどの「学習サイクル」を回すことで知識や経験を豊かにしてほしい。実際の活動を「構造的」にリフレクションしてそれを「抽象化」する。この抽象を次の経験に「転移」して活かすのだ。

■探究学習から探究活動へ

ここまで「探究学習」を見てきたが、思考や経験の活用を考えれば、この「探究学習」を「探究活動」へと発展してもらいたい。高校での探究を卒業後も継続できる環境を作りたい。例えば、探究学習で取り組む「地域課題[12]」に継続して取り組み、地域にＮＰＯを作ることも考えられるだろう。課題解決を後輩が担うこともあるだろうが、高校に部活動として展開されれば卒業生も関わることができるだろう。実際に名古屋の私立中学高校では部活動として継続的に課題解決に挑んでいる。探究学習として挑んだ商品開発を起業により継続的な探究活動とした例もある。

「探究学習」で終わらせず、「探究活動」へと発展させる試みにぜひ各所で取り組んでほしい。探究は終わらないのだから。

〔後藤健夫〕

瞭に論理的に答えるかを評価している。ここで問われる力は、これまで得た知識や経験を総動員して考える「その場でなんとかする力」だ。この準備として探究学習が機能する。

[11] ＡＡＲ（Anticipation-Action-Reflection: 見通し・行動・振り返り）サイクルは学習者が継続的に自らの思考を改善し、集団のウェルビーイングに向かって意図的に、また責任をもって行動するための反復的な学習プロセス。（OECD Learning Compass 2030 仮訳）。

[12] 筆者が、文部科学省「地域との協働による高等学校教育改革推進事業（地域魅力化型）」（2019～2021年度）において神奈川県立山北高校にてカリキュラム等専門家を務めた際に、地域との連携による「総合的な探究の時間」のカリキュラム作りに関与。卒業生が山北町など地元の町役場に就職して「地域課題」の解決に挑んでいることは「探究学習」の成果だ。

6-5 生活における学習

幼児教育と生活科教育の学びとは何か

■生活環境における学びとは

子どもが学ぶことは、それを生きることすべてに広げて捉えるなら、乳児期から常にどこでも起きていることに違いない。経験から学ぶことで人は生活の場としての社会に生きていけるからである。そうである以上、それを可能にする心理的メカニズムがあり、それはいくつもが想定されている。ここでは子どもがその環境から学ぶことについて議論したい。

それは、行為者の観点から世界と向き合うことであり、日々の生活を送る人々の観点、さらには特定の事象に関わる当事者の観点から考えることである。[1] そこでは、学びとは、知のあり方として「取り囲む環境の存在を知り、環境とどのような関係を結びながら時間の経過とともに変化や変貌を遂げていくか、また環境にどのような変化が生じるのかを知る」[2] ところから検討できる。それは「私たちの生は、周囲と周囲にいる他者との時間をかけた相互作用・相互行為である」[2] からなのである。以下では、そのような枠組みを想定しつつ、現今の教育活動における議論を見直し、幼児教育の

[1] 河野哲也・田中彰吾 2023『アフォーダンス：そのルーツと最前線』東京大学出版会

[2] 前掲書［1］p.vii

考え方と小学校低学年の教科である生活科の考え方を整理し、その要となるところを私なりに整理したい。

まず生活環境からの学びについて、河野《こうの》哲也《てつや》がアフォーダンスの考えを環境の「意味」として整理[3]したことに従い、学びの場として解釈し直した。

①原初的で具体的な意味。能動的に身体を使って関わり操作することによる。
②単純な使用意味。要求を満たすために直接に身体と相互作用することによる。
③器具、装置、構造物、機械の意味。複雑な構造や仕組みのものの効果。
④物の価値や感情的な意味。感情的な変容を物への魅力や嫌悪として抱かせる。
⑤サイン（兆候・徴兆）が表す意味。物や事象が現前していない他の物や事象を示唆する。未来の学びとなる。

ここには、直接に物事に関わる学び、そこから一旦距離を置いて眺め見直すことによる学び、社会的相互作用の中の学び（模倣、教授、質疑、その他）が含まれる。おそらく生活においては、衣食住的な必要やルーチン・習慣の中で学ばれている。[4]

次に、学校教育以前の生活の学びと学校という人工的制度の中の公式性の強い学びの活動の間に位置するものとしての幼児教育における学びを、特にそこでの主体的な活動と自発的な活動としての遊びを強調する立場から論じる。[5]

［3］河野哲也 2023「社会的アフォーダンスと環境とのエンカウンター」前掲書［1］pp.71–137

［4］例えば、無藤隆 2016「生活における発達」田島信元・岩立志津夫・長崎勤（編著）『新・発達心理学ハンドブック』（pp.1083–1103）福村出版を参照。

［5］無藤隆 2023「保幼小の架け橋に向けて：幼児教育と小学校教育の枠組みを再検討するために」『発達』44(173), 2–12.

■幼児教育における主体的な活動の実現と遊びと学び

私は遊びを「**遊び性**」と呼び直し、それはすべての活動において現れるある種の特徴であり、いわゆる遊びや生活に限定されるものではないと論じた。[5] では、遊び性とは何か。それは所与の活動の目標やルールに拘束されず、自分の思いつきを試すことである。それはそのこととして楽しい。その思いつきはどこから出てくるのか。大きくは環境への関わりの中で生みだされる。環境への好奇心の向くままに、変動し流動する活動のあり方が楽しいのである。だから、その意味での遊び性はどんな活動にも現れる。「こうするものだ」を一時的に忘れて、他のことが刺激されて別の新たなことを始める。その揺らぎがしょっちゅう起きるし、変動が大きい。

その上で、そこから2つのことが生まれる。それはその場にないものを持ち込むことによってである。1つは虚構性あるいはファンタジー性であり、想像・空想である。大人がしていたことがあるいは物語で見たことがいましていることに重ねられる。それは虚構と現実として区別されつつ、そこにも揺らぎが生じ、境界が曖昧となり、地続きとなる。そこに時間的な展望が生まれることでこれからやろうとすることの構想や予想としてイメージもされるだろう。

そこからもう1つの目標指向性が生まれる。思いつきをやるのは目標やルールの否定である。そこからパラドクシカルに目標が生まれ、ルールが想定される。そこに小さな課題解決活動が生まれる。それは大人の言う本物の課題解決ではない、子どもが発見し作りだした仮の課題であり、そこに仮の目標とルールを子どもが作りだし、そこで仮とは言え本当に工夫をして、行動し、その課題の解決を図る。[6] そこに自発性があり、自由さがあり、遊び性は貫徹している。にもかかわらず、課題解決の小規模な実現が起こるのである。そのような小さな課題解決は周りの環境との出会いで生じる心情から知的好奇心が生まれ、その好奇心を満足させ、また目標を立て満たすという有能感を作りだすだろう。力強い感覚を生みだす。それはどんな子どもにも可能な「力強さ感覚」である。自分ができそうなことを目指すこととして実際に満たすからである。でも、同時にそこに多少とも工夫や慎重さが生まれ、それは物事の特徴への注意が不可欠である。

さらに、その目標の背後に仮構的な世界が展望されるようになり、そこに今後展開されるかもしれない物語がありえると捉えるようにもなるだろう。一つの課題解決はそれに終わらず、次の類似の課題を生みだし、発展を可能にし、その発展の先に地続きにもっと大きな世界があることを気づかせていく。それを私は「**世界性**」と呼ぶ。いくつもの小さな世界が、実際に幼児としてそこでの活動を本格化しないまでも、その様子が垣間見え、いつか参加するようなものとして感じられてくるのである。

幼児期の学びの芽生えを小学校の1年生として伸ばすことが求められるのであるが、それは小学校としての学力を形成するという課題と生活科を介してつながる。

[6] これが、チュウ (Junyi Chu) とシュルツ (Laura E. Schulz) が論じる遊びの機能の中核である。Chu, J., & Schulz, L. E. 2020 Play, curiosity, and cognition. *Annual Review of Developmental Psychology, 2*, 317–343.

■生活科における学びとは何か

小学校低学年教育が幼児教育から発展していく際の中核が生活科である。[7] 生活科は1989（平成元）年の発足から30年以上経ち、独自の学習内容と学習の仕方を提起し、実践的指導を進め、この時期の学びの独自なあり方を明確にした。それは特に次の5つである。

①幼児期における学びの芽生えという、わからないことを自覚して調べるという学び方以前の活動における工夫や気づきを通して物事の特徴や学び方を身につけるやり方に対して、その過程を自覚し、何がわからないからこういうことを調べるという目当てをもった学習活動へと進んでいく。2年間の生活科の期間を経て、そのようなやり方が身につくだろう。これを**自覚的な学びの形成**と呼ぶ。

②学びの概念を広げることを目指す。学びを子どもが環境に関わりそこから経験が変容していくことと広く捉えればもちろん、種々の情報を取り入れ、自分の知識や考えを変えていくこととしても同じように、そのような学びは授業に限られないし、用意された教材相手以外でもいくらでも起きている。広い生活の場での学びを自覚化し、それを授業での学びにつなぐのである。

③そのことは逆に学校の教科での学びが学ぶ事柄を限定し、その代わり、それを組織的体系的に学び、よりいわば法則的な理解と実地に進める道具を使った技能による習得のセットとして可能になるように向ける意図をもって構成されるということであ

［7］生活科については、公式的理解として小学校学習指導要領とその解説（生活編）を参照のこと。なお、理論的にはデューイ（John Dewey）以来の探究の活動の実践の流れにある。そのデューイの探究については例えば、谷川嘉浩2021『信仰と想像力の哲学：ジョン・デューイとアメリカ哲学の系譜』勁草書房がある。

る。そのような教科の通常のあり方を補足し、生活科の学びがそれらの教科の学びを拡張するのである。

④体験と言葉をつなぐという学習の仕方が生活科においては顕著な特徴となる。実際に体験的にやってみる。そこで考え感じたこと、気づいたことを、言葉として他の子どもの前であるいはカードに記し、そこから次の発展を考える。そういう体験活動と言葉にする活動がスパイラルとなり、体験への理解が深まり、知的な分析に広がると同時に、わからないことや不思議なことが謎としての解明を迫るものと感じられ、その解決を図ることがさらに大きな謎とわかることからなる大きな世界へと発展することが見えてくる。

⑤その過程では、何よりわからないことに気づくこと自体に価値がある。面白さとしての発見である。その解明はその謎を深め、解いていく試みを行うことはスリリングな過程となり、そこに多少なりとも解答を得ることはパワフルな経験となる。未知があることが喜びとなり、解明が自力で（実は教師の援助と他の子どもの協働とときに地域の人からの助けとともに）できることが、身の回りのあるいは読書でもメディアでも何でもそこに学ぶべき事柄を見つけ、工夫してそれをわかっていき、できるようになっていく、それが学ぶということなのだという学習者イメージを作りだし、それが生きることの喜びとセットであると感じられるようになれば、それは生活科の最良のあり方となる。

〔無藤 隆〕

6-6 エキスパートの学習

■エキスパートとは

ある領域に特有の知識や能力をもち、優れたパフォーマンスを発揮するエキスパートたちのことを心理学や認知科学、教育学の中では**熟達者**と呼んできた。代表的な熟達研究では、チェスプレーヤー、音楽家、医師などが対象になってきたが[1]、熟達者は日常生活の中にもいる。例えば、パソコンのタイピングが速くて、かつ、正確な人がいる。大学生を見ているとスマートフォンやタブレットなどのデバイスの文字入力が驚くほど速い人もいる。こうした素早く、正確な、自動化されたスキルをもつ熟達者は、**定型的熟達者**と呼ばれる[2]。タイピングなどの熟達は多くの人がある程度の訓練を積めば比較的短期間で獲得できるが、デバイスが変わるなど新しい状況に直面すると、同じようなパフォーマンスを発揮できないことがある。

一方で、自らの知識や技能を多様な状況に柔軟に適用して、創意工夫しながら高いパフォーマンスを発揮する熟達者や、自ら新しい手法やルールを生みだす熟達者もいる。前者は**適応的熟達者**と呼ばれ[2]、後者は**創造的熟達者**と呼ばれる[3]。適応的熟達化の

[1] Ericsson, K. A., Hoffman, R. R. Kozbelt, A., & Williams, A. M. (Eds.). 2018 *The Cambridge handbook of expertise and expert performance* (2nd ed.). Cambridge University Press.

[2] 波多野誼余夫 2001「適応的熟達化の理論をめざして」『教育心理学年報』40, 45-47. ／ Hatano, G., & Inagaki, K. 1984 Two courses of expertise.『乳幼児発達臨床センター年報』6, 27-36.

[3] 岡田猛 2005「心理学が創造的であるために：創造的領域における熟達者の育成」下山晴彦編『心理学論の新しいかたち』(pp.235-262) 誠信書房／平田謙次・楠見孝2005「問題解決における実践知の構造化（2）：状況知の創造」『日本心理学会第69回大会発表論文集』(p.757)

興味深いところは、熟達者の知識に、言葉にしたり目に見える形で示したりすることができない暗黙的なものが多分に含まれることである。特に、感覚知覚が重要な要素となる仕事や、言語化できない知識が多い領域では、熟達者の知識を学習者に伝えることが難しい。こうした熟達者の学びはどのように進められるのか。

また、創造性が求められる現代社会では、創造的熟達者に至るまでの学びや彼ら彼女らの日常的な実践も重要な問いである。創造的熟達化は適応的熟達の道をたどった末に、新しい状況で問題や課題を見いだし、それに適した新しい解決策を生みだすなど創造的問題解決を実践できるようになることを指す。創造的熟達者はアイデア生成・具現化・評価において熟達しており、自ら創造の目的や意味を生みだす。

以下では、まず感覚知覚と認知を統合する熟達化の仕組みを紹介した後に、適応的熟達と創造的熟達のそれぞれの学びの特徴を概観する。なお、熟達者の学びは専門領域によっても異なる。科学[4]、芸術[5]、伝統芸能[6]などの領域についてはそれぞれの研究を参照されたい。ほかにも、ビジネスを中心とした仕事での熟達に焦点を当てた研究[7]では、仕事のみならず生涯発達の視点から、私たちが人生の中で直面する問題解決に取り組む中での学びを熟達の概念を拡張しながら説明している。こうした考え方も私たちの仕事と人生のつながりを理解する上で興味深い視座となるだろう。

［4］植田一博・岡田猛編著 2000『協同の知を探る：創造的コラボレーションの認知科学』共立出版

［5］大浦容子 2000『創造的技能領域における熟達化の認知心理学的研究』風間書房／横地早和子 2020『創造するエキスパートたち：アーティストと創作ビジョン』共立出版

［6］生田久美子・北村勝朗 2011『わざ言語：感覚の共有を通しての「学び」へ』慶應義塾大学出版会

［7］金井壽宏・楠見孝（編）2012『実践知：エキスパートの知性』有斐閣

■感性と認知を統合するエキスパートの力——五感を使うエキスパートの特徴

熟達者が長期間の学びの中で身につける知識や能力には、視覚、聴覚、嗅覚、味覚、触覚など五感に関わるものもある。例えば、缶詰輸入倉庫では「打検士」と呼ばれる人がベルトコンベア上を回っている缶詰を叩き、不良品を識別する。缶詰は内部を直接観察することができないため、熟練の打検士が愛用する打検棒で缶詰を叩いて、その音と手に伝わる感触で缶詰の重さ、内容物の状態などを判断して、不良缶を摘出する。[8] 打検は対象物を破壊せずに、内部異常を判断できるため、缶詰以外にもコンクリートの構造物や車両検査にも活用される。[9] 打検の熟達者は対象物に応じて適した音を出し、その音が内容物のどのような状態を示しているのかを判断する。熟達者は、聴覚・触覚などの感覚と対象物についての知識を統合して重要な判断を下すことができるのである。

このような凄技《すごわざ》を見ると、熟達者はもともと感性が私たちとは違うように思われるかもしれないが、熟達者と素人で基本的な知覚能力や認知能力に違いがあるわけではない。[10] 例えば、ソムリエはワインの色、香り、舌触り、味わいなどを使って、テイスティングする。そして、品質の異なるワインを識別したり、個別のワインの風味を豊かに言葉で表現したりすることができる。しかし、いくつかの行動実験でソムリエの能力は嗅覚や味覚などの知覚感受性の高さによるものではないことがわかっている。むしろ重要なのはテイスティングで得たワインの味や成分についての知覚情報を処理

[8] 佐々木正人 2008『アフォーダンス入門：知性はどこに生まれるか』講談社

[9] 近年は熟練した打検士の減少のため、人工知能やロボットシステムの開発が進められている。産業技術総合研究所 2017「人工知能を用いた打音検査で点検漏れを防止するシステムを開発」https://www.aist.go.jp/aist_j/press_release/pr2017/pr20170601/pr20170601.html

[10] Ericsson, K. A., & Lehmann, A. C. 1996 Expert and exceptional performance: Evidence of maximal adaptation to task constraints. *Annual Review of Psychology*, 47(1), 273-305.

[11] 磁気共鳴機能画像法（functional Magnetic Resonance Imaging）。脳の局所血流量を可視化することで、脳活動とその時間

する認知的過程である。神経科学研究では熟達者と素人のテイスティング過程を明らかにするため、両者にｆＭＲＩ[11]の中でテイスティングを行ってもらい、その際の脳活動を測定する実験を行っている。その結果、素人はワインの味を快楽や感情に関連する脳部位で処理している一方、熟達者ではワインの味や成分を判断する段階でさまざまな記憶に関わる脳部位が活性化された。つまり、熟達者はワインから得た知覚情報をワインに関する知識や経験を踏まえて統合的に処理し、風味についての心的イメージを豊かに生成するのである。[12]

■エキスパートの学び

熟達者はどのように熟達化の道を進むのだろうか。熟達者はある領域について高度に構造化された知識をもち、課題状況を判断して、適切な方略を計画的に使うことができる。[1] こうした知識や能力を身につけるためには、通常10年以上の長期的な学習が必要であることが知られている。[13] これは**10年ルール**と呼ばれるが、あくまで目安であり、領域によっても学習時間や、学習開始の望ましい時期が異なる。しかも、この期間は漫然と指導者に言われたことを覚えて実践すればいいわけではなく、**よく考えられた学習**を行うことが重要である。よく考えられた学習とは、自分で、あるいは指導者とともに目標に向けた計画を立てて、日々の学習を積み重ね、適切なフィードバックを得ながら学習者自ら成果について振り返ることである。[13] こうした学習の中で、そ

的変化を追う技術。Myers, D. D. 2014 *Myers' psychology for AP*®. Worth.（マイヤーズ／村上郁也（訳）2015『カラー版 マイヤーズ心理学』西村書店）

[12] Castriota-Scanderbeg, A., Hagberg, G. E., Cerasa, A., Committeri, G., Galati, G., Patria, F., Pitzalis, S., Caltagirone, C., & Frackowiak, R. 2005 The appreciation of wine by sommeliers: a functional magnetic resonance study of sensory integration. *Neuroimage, 25*, 570–578. / Pazart, L., Comte, A., Magnin, E., Millot, J. L., & Moulin, T. 2014 An fMRI study on the influence of sommeliers' expertise on the integration of flavor. *Frontiers in Behavioral Neuroscience, 8*, 358.

[13] Ericsson, K. A., Krampe, R. T., & Tesch-Römer, C. 1993 The role of deliberate practice in the acquisition of expert performance. *Psychological Review, 100*(3), 363–406.

の領域の知識が獲得され、構造化されていく。
熟達者のもつ知識が言葉にして伝えられる知識だけであれば、講義や、書籍を通した独学で学ぶことができる。しかし、熟達者の知識には**暗黙知**[14]と呼ばれる言語化できない知識や技能が含まれる。暗黙知は熟達者が日々その領域での活動や実践を積み重ねて、自らの行為を振り返る中で経験的に獲得される。あるいは、具体的な説明にはならなくても指導者や領域の関係者が比喩や類推を重ねてやりとりする中でも獲得される[7]。後者の指導者と学習者のやりとりでは、「わざ言語」と呼ばれる言葉を用いたコミュニケーションが重要である。伝統芸能における技の伝承の研究では、指導者と学習者が「わざ言語」を用いることで、あるパフォーマンスが達成されている状態の感覚を共有することができる[6]。例えば、和太鼓指導では「へそを真下に落とすように打て」という言葉があるという。言葉通りでは抽象的すぎる言葉だが、一定のレベルのスキルを獲得したとき、学習者はその感覚を指導者と共有できるようになる。これが暗黙知を獲得する一つのプロセスであり、冒頭に述べた適応的熟達者や創造的熟達者へと進む過程で特に重要である。

創造的熟達者の学び

芸術家や科学者、事業家など創造的な成果や仕事を求められる創造的熟達者には、新しい創造のための学びも重要である。創造のためには、よく考えられた学習とは異なる形の学びも必要である。ブレイクダンサーの研究では、熟達者は既存の手法に新

［14］本書5－5「組織における学習」参照

［15］Shimizu, D., & Okada, T. 2018 How do creative experts practice new skills? Exploratory practice in breakdancers. *Cognitive Science*, 42, 2364–2396.
［16］Yokochi, S., & Okada, T. 2020 The process of art-making and creative expertise:

しい要素を加えたりして新しい手法を生みだすための探索的練習をすることも明らかになっている。[15] 現代芸術家についての研究でも、長年の創作経験をもつ芸術家が作品に共通するコンセプトを生みだす探索的プロセスが示されている。[16] 芸術家の探索過程では「類推的ずらし」というプロセスが働く。[17]「類推的ずらし」とは創作過程で作品の題材や、構造、コンセプトなどの要素を付け加えたり、変更（ずら）したりする認知プロセスのことを指す。もちろん、ずらしの対象となるアイデアには無限の可能性があるので、その中から意味のあるものを選択するには羅針盤のようなものが必要である。創造的熟達者は自分の創造を貫くビジョンと呼ぶべきものをもち、それを活動の指針の一つとする。[18] そして、同時に日々の創造活動の中でビジョンを少しずつ洗練させる。

興味深いことに、創造のための探索活動は熟達者本人の中だけで完結しない。世の中で起きている出来事や他者、他者の創造活動との出会いが熟達者の創造を触発する。[19] 熟達者は外界との偶然の出会いを待つだけではなく、自らそれを探索するための活動も積極的に行う。[20] 創造は時には真っ暗闇に一歩足を踏み出すような試みになるが、創造的熟達者は長年の経験の中で自分の内面と外界からの刺激の往還から、確信をもって創造活動を進めるためのメタ認知を獲得する。このメタ認知は創造性に関わる自己信念の一つとして今後研究が期待される領域である。[21]

〔石黒千晶〕

An analysis of artists' process modification. *The Journal of Creative Behavior, 55*, 532–545.

[17] Okada, T., Yokochi, S., Ishibashi, K., & Ueda, K. 2009 Analogical modification in the creation of contemporary art. *Cognitive Systems Research, 10*, 189–203.

[18] 横地 2020 前掲書［5］

[19] 岡田猛 2013「芸術表現の捉え方についての一考察：「芸術の認知科学」特集号の序に代えて」『認知科学』20(1), 10–18.

[20] 髙木紀久子・岡田猛・横地早和子 2013「美術家の作品コンセプトの生成過程に関するケーススタディ：写真情報の利用と概念生成との関係に着目して」『認知科学』20(1), 59–78.

[21] Karwowski, M., & Kaufman, J. C. (Eds.). 2017 *The creative self: Effect of beliefs, self-efficacy, mindset, and identity*. Academic Press.

6-7 心理臨床における学習

認知行動療法を中心に

■心理臨床と学習

心理臨床における最も伝統的かつシンプルな援助形式は、悩みをもつ個人と専門家が一対一で話し合う**カウンセリング**である。カウンセリングはカウンセラーとクライエントがコミュニケーションをもち、その結果クライエントの側に望ましい変化が生じること、それを意図する行為、と定義される[1]。そして、生じる望ましい変化はその場限りのものではなく、クライエントの日常生活全般に波及することが期待される。

心理学的援助においては、心理・行動的問題の改善という点でまさに永続的な行動の変容が期待される。学習は「経験によって生じる比較的永続的な行動の変容」と定義されるが、心理臨床の文脈で言い換えるならば、援助とはクライエントにとっての学習の場であり、カウンセラーはよりよい学習の提供者であるといえる。

[1] 菅野泰蔵 2006『カウンセリング方法序説』日本評論社

■学習理論の応用としての認知行動療法（CBT）

学習の原理をより直接的に活用する立場として**認知行動療法**（Cognitive Behavioral

[2] Beck, A. T. 1963 Thinking and depression. *Archives of General Psychiatry*, 9(4), 324.

Therapy: CBT）がある。ＣＢＴとは、実験心理学による知見の臨床応用として始まった**行動療法**に、ベック（Aaron T. Beck）の**認知療法**[2]を中心とした情報処理理論を重視する立場が合流した心理学的支援法である。現在は行動と認知に関する理論・技法に加えて、**マインドフルネス**[3]や**治療関係**[4]、人生の意義などの新たな要素を含む包括的な援助法となっている。

学習との関係において、ＣＢＴ誕生の核となる**第一世代の行動療法**は「不適応的な行動の変容を目的に、実験的に確立された学習の原理を使用すること」[5]と定義され、まさに学習の諸原理を応用した方法として誕生した。この世代では**オペラント条件づけ**[6]の原理に基づく行動的支援である**応用行動分析**（Applied Behavior Analysis: ABA）や**レスポンデント条件づけ**（**古典的条件づけ**[7]）を基礎とする**エクスポージャー**（曝露療法）などの技法が生みだされた（後述）。

第二世代の行動療法であるＣＢＴは、行動科学と認知科学の臨床的諸問題への応用と定義される[8]。ＣＢＴでは、クライエントの困りごとや問題は非機能的な思考や行動パターンにより引き起こされると捉え、これらの思考や行動パターンを変容するためのクライエントの経験が重視される。この世代では認知療法の中核的な技法である**認知再構成法**（後述）をはじめとした、多くの認知的技法が開発・活用された。

第三世代の行動療法は、認知や行動の機能を重視し、マインドフルネスやアクセプタンス（受容）の要素を取り入れた支援法の一群である。ここには弁証法的行動療

[3] いまこの瞬間に、一瞬一瞬の体験の展開に判断を加えることなく注意を向けることで生まれる気づき。Kabat-Zinn, J. 2003 Mindfulness-based interventions in context: Past, present, and future. *Clinical Psychology: Science and Practice, 10*(2), 144–156.

[4] セラピーにおける、セラピストとクライエントの関係のこと。治療同盟（therapeutic alliance）、作業同盟（working alliance）とも呼ぶ。

[5] Wolpe, J. 1969 *The practice of behavior therapy*. Pergamon.

[6] 本書３－２「オペラント条件づけ」参照

[7] 本書３－１「古典的条件づけ」参照

[8] 熊野宏明 2019「認知行動療法」日本認知・行動療法学会編『認知行動療法事典』（pp.2–5）丸善出版

法、**アクセプタンス&コミットメント・セラピー**（Acceptance & Commitment Therapy: ACT、後述）、メタ認知療法などが含まれる。この発展には、認知や言語の問題がルール支配行動や関係フレーム理論といった新たな行動の原理で整理可能になったことや、基礎的研究の進展による認知のもつ機能への注目が寄与している。[9] 次項からは認知行動療法における代表的な技法やプログラムの一部について、学習の観点から説明する。

■認知行動療法の代表的な技法・プログラム

応用行動分析（ABA）に基づく手続き

スキナー（Burrhus F. Skinner）が創始したオペラント条件づけの理論は、個体と環境との相互作用の解明を目的とする**行動分析学**に体系化された。なかでも、実験などで明らかになった行動の原理[10]を問題解決や生活の向上に応用する分野がABAである。[11]

ABAは発達の遅れをもつ児童や成人への支援として活用されてきたが、その実践では社会的に重要な行動を扱い、その行動改善に有効な要因を明らかにし、個人と環境[12]の良好な相互作用の形成に寄与する姿勢をもつ。つまり、適応的な行動の欠如や問題行動は特定の文脈で生じると考え、環境が行動に与える影響、行動が環境に与える影響を検討する。そして、個人の適応的な行動を引き出す環境変化の導入（環境調

[9] 熊野宏昭 2012『新世代の認知行動療法』日本評論社

[10] 実験室などの統制された環境において行動の原理を明らかにする領域を実験的行動分析と呼ぶ。

[11] ABAは技法やパッケージではなく、行動分析学という学問体系の応用領域を示す。ABAの臨床心理学領域における活用がCBTと最も重複する領域であり、CBTの発展に大きな影響を与えた。

[12] 物理環境だけではなく社会的環境や対人関係なども環境に含まれる。

整）や、適切な環境の変化を引き起こす適応的行動の訓練（行動形成）、という2つの視点から支援を行う。後者、すなわち個人への介入は学習そのものであり、「その文脈において機能する行動」を学ぶプロセスである。

エクスポージャー

不安・恐怖を喚起する刺激に繰り返し持続的にさらす（曝露する）ことで不安を消去する技法であり、この技法とそのバリエーションには、不安に関連する障害に対する支援として多くの実証的裏づけがなされている。[13] その理論的背景にはレスポンデント条件づけに関する基礎研究があり、**消去**の臨床的応用となる手続きである。

エクスポージャーの理論と実践に影響を与えた手続きとして、**系統的脱感作法**[14]がある。**拮抗条件づけ**が理論的な背景にあり、不安を喚起する条件刺激に対して、逆方向の反応を引き起こす無条件刺激（例えばリラクゼーション）を対提示することで、条件刺激が引き起こす不安反応を抑制できるとされる。つまり、系統的脱感作法では「不安を喚起するその刺激は、リラックス状態をもたらす」ことを学習する。

系統的脱感作法はリラクゼーションとイメージによるエクスポージャーを含むパッケージである。しかし、必ずしもリラクゼーションが必要ではないことがその後に明らかになり、[15] 現在はエクスポージャーのバリエーションの一つとして扱われる。

エクスポージャーにおいては、不安を喚起する刺激に曝露する際にクライエントが恐れている結果が生じない、すなわち不安を喚起する無条件刺激が対提示されないこ

[13] たとえば、Norton, P. J., & Price, E. C. 2007 A meta-analytic review of adult cognitive-behavioral treatment outcome across the anxiety disorders. *Journal of Nervous & Mental Disease*, 195(6), 521–531.

[14] 手続きとしては、①深いリラックス状態になり、②イメージを用いて不安を引き起こす状況を提示し、③不安を感じたらリラクゼーションを導入。④これをイメージが高い不安を引き起こさなくなるまで継続する。⑤この手続きを不安の程度が低いイメージから高いイメージまで実施する、といった手順となる。

[15] たとえば、Barlow, D. H., Craske, M. G., Cerny, J. A., & Klosko, J. S. 1989 Behavioral treatment of panic disorder. *Behavior Therapy*, 20(2), 261–282.

とが必要とされる。つまり、クライエントはエクスポージャーを通して「その刺激は、もはや恐れている結果をもたらさない」ことを学ぶのである。

認知再構成法

問題となる気分や行動を引き起こす思考を変容する代表的な認知的技法である。認知再構成法では自身に生じた自動思考[16]をモニタリングし、その思考が現実に即しているか、自身にとって役立つものか、他の見方はできないかなどの検討を通し、より適応的な思考へと変容させていく。カウンセラーはソクラテス式質問法[17]を用い、クライエント自身が自動思考に代わる新しい認知に気がつけるようサポートをする。

認知再構成法の目的は認知の変容そのものではなく、認知の変容を通して不快な感情や問題となる行動を変容することである。したがって、その思考の「正しさ」や「ポジティブさ」ではなく、感情や行動を適正化し生活の質を向上させる認知への変容を目指す。言い換えるならば、クライエントは「その状況（環境）において役立つ（機能する）思考」を学ぶことになる。

アクセプタンス&コミットメント・セラピー（ACT）

文脈の観点からクライエントを理解・援助することを特徴とする行動分析学に基づいた支援法であり、言語や認知に関する学習理論である**関係フレーム理論**を基礎とする。この関係フレーム理論の核は、関係フレーミングと呼ばれる恣意的に適用可能な関係反応[18]である。例えば、筆者が作った造語「ぽぷるぜ」を例にしよう。「ぽぷるぜ」

[16] ある状況で生じた不快な感情をもたらす思考を自動思考と呼ぶ。

[17] ソクラテス式質問法とは、質問を通して思考や行動に対するクライエントの気づきや発見を促す対話法である。例えば「その考えの根拠は何ですか？」「他の見方としてどのようなものがあるでしょうか」といった質問を用いる。

[18] 物理的な特徴ではなく、作為的に刺激と刺激の関係づけを行うこと。人間の言語や認知の中核的な役割を果たすと考えられている。

[19] ここでは「ぽぷるぜ」を使用したが、「ぽぷるぜ」である必然性はなく、この言葉が「もりぬ」でも「げごろーぜ」でも同じことができる。この点において「ぽぷるぜ＝コンクリートの塊」は恣意的な関係づけとなる。

を食べたり、人に投げつけたりするところを想像してほしい。おそらくは何のことか疑問が湧くだろう。では、ここで「ぽぷるぜ＝コンクリートの塊」[19]という情報を付け加えたらどうなるだろうか。おそらく、先ほどの想像の意味が変わるだろう。

これは臨床的問題とも関係がある。例えば、対人関係に敏感な人は、友人が会話中にとった「髪の毛を触る動作」を「自分の話に興味がない」と関係づけ、その結果として友人との会話を避けるようになるかもしれない。抑うつ的な人は「自分」を「無能」であると関係づけ、新しいことへのチャレンジを避けるかもしれない。このような関係づけにより行動の柔軟性が損なわれることを認知的フュージョンと呼ぶ。

ACTの介入では、体験を重視する姿勢からメタファーやエクササイズを用いる。例えば、先ほどの友人との会話を避ける人には、「虎に餌を与えると、虎は成長してよりいっそう大きくなる」といったメタファー[20]を伝えることが役立つかもしれない。「虎＝不安」であり、「餌を与える＝会話を避ける」といった関係を学ぶことで、会話を避ける行動を控えたり、あえて友人との会話を増やしたりする可能性が高まる。

ACTでは、第二世代までの行動療法における学習、特に「その文脈において機能する行動」を学ぶことも重要な目標であるが、それらに加えて、関係フレーム理論の観点から「刺激と刺激の新たな関係」を学習する支援法[21]でもあると言える。

[20] Hayes, S. C., & Smith, S. 2005 *Get out of your mind & into your life.* New Harbinger（ヘイズ、スミス／武藤崇ほか（訳）2010『ACT（アクセプタンス＆コミットメント・セラピー）をはじめる：セルフヘルプのためのワークブック』星和出版）

[21] このような関係づけは、問題行動だけではなく適応的行動にも用いられる。例えば、「運動」と「健康」は関係があり、かつ「健康」が自身にとって大切であることに気がつけば、運動を継続する可能性が高くなる。このような手続きは「価値の明確化」と呼ばれる。Hayes, S. C., Strosahl, K. D., & Wilson, K. G. 2012 *Acceptance and commitment therapy: The process and practice of mindful change* (2nd ed.). Guilford Press.（ヘイズ、ストローサル、ウィルソン／武藤崇・三田村仰・大月友（監訳）2014『アクセプタンス＆コミットメント・セラピー（ACT）第2版：マインドフルネスな変化のためのプロセスと実践』星和書店）

■まとめ

学習理論の臨床応用として始まったＣＢＴは、現在ではさまざまな要素を含む包括的な援助法[21]となっている。理論や技法の進歩のみならず、情報通信技術の活用など技術面での新しい展開が見られ、まさに現在も進歩が続いている。しかし、クライエントの経験を重視し、その改善を実証的に検証する、という学習の定義にも通じる姿勢は、今後もＣＢＴの核であり続けるだろう。

〔首藤祐介〕

[21] 認知行動療法は、"cognitive and behavioral therapies" と表記されることもある。認知的な心理療法、行動的な心理療法を含む療法群であることを示しており、まさに現在の包括的な支援法としての認知行動療法を表している。

おわりに

遠い昔、心理学の初学者だったころの違和感の一つが、学習という概念であった。専門用語が日常語と異なっていたとしても不思議ではないが、学習は単に日常語であるだけではなく、それまでの学校生活で身体化してきた（させられてきた）概念であるから、違和感の大きさもハンパなかったということであろう。

その違和感を克服して心理学における学習概念になじんだところに、社会文化的アプローチによる学習概念が現れた（個人の経験の中の順番です）。もちろん、意味はわかったが、だとして、行動主義的な学習とどこが同じでどこが違うのか？　そもそも全く違うのか？　同じ語を使っていて全く違うということはないだろう、など心は千々に乱れた。そして、最近は深層学習（ディープラーニング）などという概念が現れた（個人の経験の中の順番です）。

さまざまな学習について、違うなら違うでよいし、同じならどこが同じなのかを知りたい、という意気込みでつくったのが本書『ワードマップ 学習マッピング』である。得意分野の異なる2人の研究者（社会文化的アプローチの青山征彦・行動主義の古野公紀）を編者に迎え、3人でマッピング（マップづくり）から始めた。できあがったものを見ると最初からできていたのではないか？とか、簡単にできたでしょ？と思われるかもしれないが、そんなことはない！　最初は雲を掴むような話であった。半年以上かけて意味的飽和が達成できるまでマップづくりを根気よく続けた。そして、項目を設定し、それぞれの項目に最適の著者をお迎えして原稿を執筆してもらった。いただいた原稿を読みながらさらに3人でマッピングに励んで完成したのが序章の図1「学習マッピング」（以下、マッピング図）なのである。

マップの4つの象限、「知識の変容 knowing」「行動の変容 doing」「価値の変容 becoming」「共同体の変容 exploring」について、4つの章を設けた。また、全体を俯瞰するための歴史を1章に、活用の現場の諸相について6章に、それぞれ配した。機械学習などの最新動向も歴史の流れの中に含めることができた。

さて、本書を編集しながら個人的に気になったことが2つある。その一つは学習が成立しないことの問題である。マッピング図の右半分（knowing や doing）の学習不成立については、学習障害や実験神経症のようにラベルができつつあり、対応もなされつつあると思われるが、マッピング図の左半分（becoming や exploring）の

学習マッピング（本書序章より再掲）

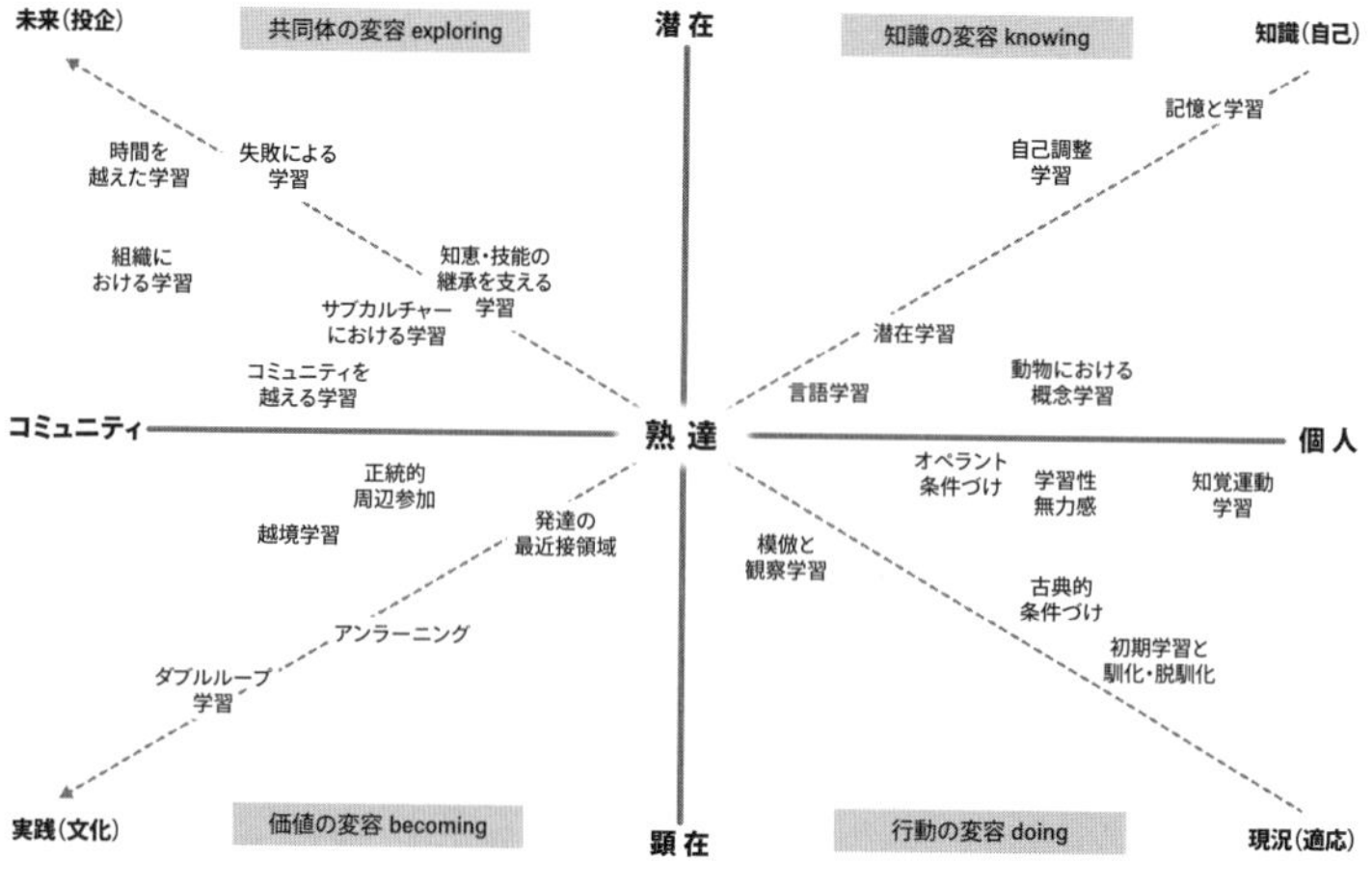

学習について、その成立が疎外されていることについて、対策も含めて考える必要があるように思えた。カルト集団に長期間隔離されたことで社会的な学習が欠如するだろうし、ひきこもりの問題もひきこもっていることが狭義の学習不成立の問題として語られやすいが、本書のマップが網羅する全ての領域の学習が滞ってしまうと捉え直す必要があるのではないだろうか。

もう一つ気になったのが評価の問題である。学習の内容にかかわらず、到達目標まで達成したかどうか、という絶対基準的な評価、他のメンバーに比べてどうなのかという相対基準的な評価、を行うことは学習の促進の上でも効果的に働く場合がある。学校の宿痾とも言える知的達成に対する評価──本書でいえば第一象限の学習（知識の変容 knowing）──についての評価はそれなりにできあがっているが、量的な指標に依存しがちなその評価のあり方には批判が絶えないのも実情である。言うまでもないことだが、学校での学習には評価が切り離せない。本マッピングに基づくさまざまな学習について、評価が必要なのか必要だとすればどのような評価がふさわしいのか、ということは、本書を手にした読者諸賢によって達成されるべき課題のように思える。こう言うと責任回避のように捉えられるかもしれないが、私たち編者だけがその答えを指し示すような問題ではないとも感じている。

私たち編者が本書で伝えたい学習観の根幹を確認しておくと、知識の蓄積のみを学習とせず広く社会生活上の学習を含む、個人のみに閉じるだけではなく集団やコミュニティを学習の主体として含む、という意味でのオープンな学習観ということになるだろう。もちろん、これまでの学習についての考え方を排除するものではない。探究学習や課題解決型学習（Project

Based Learning: PBL）などにおける評価のあり方は、本質的な問題であるとともに極めて今日的な課題となっている。本書のマップをもとに、学習そのものについての洞察を深めるだけではなく、学習不成立、学習の評価、についても考える契機にしてほしい。

本書の編集・刊行にあたっては、新曜社・大谷裕子さんの多大なご助力を得た。その経験に基づく臨機応変な対応は本書にとってなくてはならないものであった。

編者　サトウタツヤ

目次（あとがきから読む人のために）

人名索引

■あ行

■か行

■さ行

事項索引

■さ行

■た行

■な行

■は行

松熊　亮（まつくま りょう）[5-1]
文教大学人間科学部 非常勤講師。専門は発達心理学。

矢守克也（やもり かつや）[5-2]
京都大学防災研究所 教授。専門は社会心理学。

東村知子（ひがしむら ともこ）[5-3]
京都教育大学教育学部幼児教育科 准教授。専門はグループ・ダイナミックス。

岡部大介（おかべ だいすけ）[5-4]
東京都市大学メディア情報学部社会メディア学科 教授。専門は認知科学。

妹尾　大（せのお だい）[5-5]
東京科学大学工学院経営工学系 教授／一橋大学ソーシャル・データサイエンス研究科 教授。専門は経営組織論。

南部美砂子（なんぶ みさこ）[5-6]
公立はこだて未来大学システム情報科学部情報アーキテクチャ学科 准教授。専門は認知科学。

白水　始（しろうず はじめ）[6-1]
国立教育政策研究所初等中等教育研究部 副部長・総括研究官／（命）教育データサイエンスセンター 副センター長。専門は学習科学。

石田喜美（いしだ きみ）[6-2]
横浜国立大学教育学部 准教授。専門は国語教育、読書教育、リテラシー教育。

大橋　智（おおはし とも）[6-3]
東京未来大学こども心理学部こども心理学科心理専攻 講師。専門は応用行動分析学。

後藤健夫（ごとう たけお）[6-4]
教育ジャーナリスト／コラムニスト／大学コンサルタント。専門は高等教育政策、大学入学者選抜。

無藤　隆（むとう たかし）[6-5]
白梅学園大学 名誉教授。専門は保育・幼児教育、小学校教育。

石黒千晶（いしぐろ ちあき）[6-6]
聖心女子大学現代教養学部心理学科 専任講師。専門は認知科学。

首藤祐介（しゅどう ゆうすけ）[6-7]
立命館大学総合心理学部総合心理学科 准教授。専門は応用行動分析学。

高砂美樹（たかすな みき）[2-1]
東京国際大学人間社会学部福祉心理学科 教授。専門は心理学史。

三田地真実（みたち まみ）[2-2]
教育ファシリテーション研究所 所長／法政大学教育開発支援機構 兼任講師。
専門は応用行動分析学。

後藤和宏（ごとう かずひろ）[2-3]
相模女子大学人間社会学部人間心理学科 教授。専門は比較認知科学。

遠藤信貴（えんどう のぶたか）[2-4]
近畿大学総合社会学部総合社会学科心理系専攻 准教授。専門は認知心理学。

中谷素之（なかや もとゆき）[2-5]
名古屋大学大学院教育発達科学研究科教授。専門は教育心理学。

漆原宏次（うるしはら こうじ）[3-1]
近畿大学総合社会学部心理系専攻 教授。専門は学習心理学。

古野公紀（前掲）[3-2]

松井　大（まつい ひろし）[3-3]
大阪大学人間科学部 助教。専門は比較認知科学。

榎本拓哉（えのもと たくや）[3-4]
徳島大学大学院社会産業理工学研究部 准教授。専門は応用行動分析学。

髙橋良幸（たかはし よしゆき）[3-5]
株式会社イデアラボ 非常勤研究員。専門は動物心理学。

菅原大地（すがわら だいち）[3-6]
筑波大学人間系 准教授。専門は臨床心理学。

伊藤　崇（いとう たかし）[4-1]
北海道大学大学院教育学研究院 准教授。専門は発達心理学。

土倉英志（つちくら えいじ）[4-2]
法政大学社会学部 准教授。専門は社会心理学。

青山征彦（前掲）[4-3]

佐伯　胖（さえき ゆたか）[4-4]
公益社団法人信濃教育会教育研究所 所長。専門は認知科学。

伊東昌子（いとう まさこ）[4-5]
一般社団法人 人間中心社会共創機構 シニアフェロー。専門は認知心理学、認知科学、
組織心理学。

編 者 ・ 執 筆 者 一 覧

編　者

青山征彦（あおやま まさひこ）成城大学社会イノベーション学部 教授
専門は認知科学、認知心理学。状況論と呼ばれる立場からコミュニティにおける学びについて研究している。修士（心理学）。著書に『スタンダード学習心理学』（サイエンス社、2018年、共編著）、『越境する対話と学び── 異質な人・組織・コミュニティをつなぐ』（新曜社、2015年、共編著）、『ワードマップ 状況と活動の心理学── コンセプト・方法・実践』（新曜社、2012年、共編著）など。

古野公紀（この まさのり）立命館大学総合心理学部 特任助教
専門は実験的行動分析学。動物を対象としたオペラント条件づけの実験的研究や、ベイズ統計モデルによる大規模データの分析などを行なっている。博士（心理学）。著書に『基礎心理学実験法ハンドブック』（朝倉書店、2018年、分担執筆）、『不確定性下の意思決定』（共立出版、2020年、分担翻訳）。論文にThe effects of ratio and interval schedules on the location variability of pecking responses in pigeons. *Behavioural Processes, 172,* 104059-104059, 2020（共著）など。

サトウタツヤ（佐藤達哉）立命館大学総合心理学部 教授・学部長
専門は文化心理学、質的探究、心理学史。博士（文学）。単著に『臨床心理学小史』（ちくま新書、2022年）、『臨床心理学史』（東京大学出版会、2021年）、共編著に『TEMではじめる質的研究』（2009年、誠信書房）、『ワードマップ 質的研究法マッピング』（2019年、新曜社）、『カタログTEA（複線径路等至性アプローチ）』（2023年、新曜社）、“*Making of the future: The Trajectory Equifinality Approach in cultural psychology*”（Information Age Publishing, 2016）など。

執筆者（執筆順、［　］内は担当項目）

青山征彦（前掲）［序章］

古野公紀（前掲）［序章・1-1］

青山征彦（前掲）［1-2］

渡辺　茂（わたなべ しげる）［1-3］
慶應義塾大学 名誉教授。専門は比較認知科学。

浅川伸一（あさかわ しんいち）［1-4・1-5］
東京女子大学情報処理センター 助手。専門は認知科学。

ワードマップ
学習マッピング
動物の行動から人間の社会文化まで

初版第1刷発行　2024年10月25日

編　者　青山征彦・古野公紀・サトウタツヤ
発行者　塩浦　暲
発行所　株式会社　新曜社
101-0051　東京都千代田区神田神保町3－9
電話（03）3264-4973（代）・FAX（03）3239-2958
e-mail : info@shin-yo-sha.co.jp
URL : https://www.shin-yo-sha.co.jp
組版所　Katzen House
印　刷　星野精版印刷
製　本　積信堂

ISBN978-4-7885-1860-5 C1011